Andrea Isabelle Streitwieser

SWEET TABLES

by Cake Couture

INHALT

Vorwort

Meine große Leidenschaft ist es, zu backen und zu dekorieren. Mit meinem Unternehmen Cake Couture habe ich mich daher auf die Entwicklung von individuellen und sehr aufwendigen Sweet-Table-Konzepten spezialisiert. Sehr häufig habe ich jedoch im Vorfeld von meinen Kunden gehört: »Ja, aber schmeckt das dann auch, wenn es so schön aussieht?«

Als Mitte letzten Jahres der BLV Buchverlag, allen voran meine liebe Lektorin Stella Rahn (die mir stets geduldig mit Rat und Tat zur Seite stand – ein herzliches Dankeschön an dieser Stelle) an mich herantrat und fragte, ob ich nicht Lust hätte, ein Buch über Sweet-Table-Konzepte zu machen, in dem es »ganz viel fürs Auge«, aber vor allem Rezepte zum Nachbacken geben soll, war dies die perfekte Gelegenheit für mich, einmal aufzuzeigen, dass Sweet Tables nicht nur schön aussehen, sondern auch lecker schmecken!

Zugegeben, es war schon eine Herausforderung, Sweet-Table-Konzepte zu entwickeln, bei denen neben den altbewährten Klassikern, wie Torte, Cupcakes und Cake Pops, auch andere Sweets vorkommen, die designmäßig und geschmacklich zum Thema des jeweiligen Konzeptes passen. Aber es hat sehr viel Spaß gemacht, diese Sweet-Table-Konzepte ein wenig anders zu planen als gewöhnlich.

Dieses Buchkonzept hat mich auch deswegen überzeugt, weil die meisten Inspirationsbilder von Sweet Tables oder dekorierten Sweets bisher aus Amerika und England stammen, allerdings mit Rezepten arbeiten, die zwar zum Dekorieren ideal sind, aber nicht den Geschmack des deutschsprachigen Raumes treffen. Die meisten nach diesen Rezepten gebackenen Sweets würden wir einfach nicht essen, da sie viel zu süß sind oder teilweise nur aus Butter und Zucker bestehen wie die meisten Cupcake-Toppings, die im Netz zu finden sind. Ein paar amerikanische Rezepte habe ich aber doch eingesetzt, weil sie einfach bestens zum Konzept passen. Es ging also vor allem darum zu zeigen, dass und wie sich wunderschöne Sweet-Table-Konzepte verwirklichen lassen mit Rezepten, die unseren Gaumen ansprechen!

Natürlich gibt es Grenzen. Beispielsweise können aus technischen Gründen luftige Sahnetorten bei aufwendig dekorierten Torten nicht berücksichtigt werden. Aber solche Torten lassen sich ganz wunderbar als »Side Cakes« einsetzen, wie es der »Magnolia Sweet Table« aufzeigt.

Dieses Buch legt im Rezeptteil der einzelnen Sweet-Table-Konzepte besonderen Wert darauf, Sie durch großformatige Bilder zu animieren. Die unverzichtbaren Grundlagen und Dekorationstechniken im Basiskapitel versetzen Sie mit Step-by-step-Anleitungen in die Lage, alle Rezepte nachvollziehen und mit ein wenig Übung und Fantasie auch abwandeln zu können.

Ich hoffe, Ihnen mit diesem Buch inspirierende Sweet-Table-Anregungen für Ihre nächste Festlichkeit zu verschaffen, und wünsche Ihnen viel Spaß beim Nachbacken!

Herzlichst!

Ihre Andrea Isabelle

GRUNDLAGEN

Mehrstöckige Torten

Wenn Sie planen, Ihrem Sweet Table mit einer mehrstöckigen Torte einen dekorativen Blickfang zu geben, erfahren Sie hier die wichtigsten Voraussetzungen und Arbeitsschritte für das Gelingen. Lassen Sie Ihrer Fantasie freien Lauf, denn nur aus Technik plus Fantasie entsteht ein ganz persönliches Meisterstück. Wenn Sie noch nicht so viel Übung haben, beginnen Sie mit einfachen Dekorationen. Glauben Sie mir, es wird zu Beginn auch bei leichteren Dekorationen noch genügend Krisen geben. Aber Sie werden sehen, Sie werden mit jeder Torte geübter und Ihr Cake-Decorating-Selbstvertrauen wird sich steigern.

> **EXTRATIPP**
> *Grundsätzlich gilt beim Cake Decorating die 3-Tage-Regel:*
> **Backen – Eindecken – Dekorieren.**
>
> *Wenn Sie die Tortenböden im Voraus backen, müssen Sie keine Sorge haben, dass sie austrocknen. Bei Einhalten der Backzeiten (angepasst an Ihren Backofen) bleiben alle beschriebenen Tortenböden auf jeden Fall 3 Tage saftig. Die Böden mancher Rezepte, wie Sacher- oder Rübliboden, werden sogar mit jedem Tag besser, weil sie durchziehen.*

Wichtig ist, dass Sie sich einen Zeitplan überlegen. Alles auf den letzten Tag zu schieben führt zu durchgearbeiteten Nächten und den oben angedeuteten Tortenkrisen. Planen Sie daher genau, welche Dinge Sie schon vorbereiten können, um dann Zeit und Nerven zu sparen. Folgende Dinge lassen sich prima ein paar Tage im Voraus vorbereiten:

- Anfertigen von Dekorationselementen, die nur noch auf der Torte platziert werden müssen – siehe Einfache Dekorationen, Seite 14.

- Einfärben des Rollfondants. Wenn Sie ihn anschließend in Klarsichtfolie einwickeln und zusätzlich in einer Tupperdose aufbewahren, trocknet er nicht aus. Nur in Klarsichtfolie eingewickelt, entstehen unschöne, harte Stückchen, die auch durch langes Kneten nicht wieder verschwinden.

- Überziehen des Cakeboards mit Rollfondant – falls Sie dieses verwenden möchten, um die Torte darauf zu präsentieren.

Tortenböden vorbereiten

Für eine mehrstöckige Torte, die aus 2, 3 oder 4 Stockwerken bestehen kann, brauchen Sie entsprechende Springformen mit deutlich unterschiedlichen Durchmessern, zum Beispiel 26, 22 und 18 cm oder 24, 20 und 16 cm. Dies ist eine einmalige Anschaffung, die Formen lassen sich aber auch anderweitig einsetzen.

Mir persönlich gefallen hohe Stockwerke sehr gut. Sie sind allerdings wesentlich schwieriger mit Rollfondant einzudecken. Beginnen Sie daher mit einer Höhe von maximal 6 cm. Wenn oder sobald Sie sich aber an einen hohen Boden heranwagen wollen, backen Sie ihn nicht auf einmal in der Form, denn: Der Boden wird außen verbrennen oder trocken und innen mit großer Wahrscheinlichkeit noch nicht durchgebacken sein. Teilen Sie daher größere Teigmengen auf zwei Formen auf und backen Sie die beiden Böden nacheinander.

Wählen Sie einen Tortenboden nach Ihrem Geschmack (Rezepte siehe Seite 22 ff.). Die Farbe, ob heller oder dunkler Teig, spielt dabei keine Rolle, denn er wird später unter einer undurchsichtigen Eindeckung versteckt.

Die folgenden Beschreibungen für das Füllen, Eindecken und Zusammensetzen der Torte gelten für jede Etage.

Je perfekter Sie die Torte vor dem Eindecken vorbereiten, desto schöner wird die eingedeckte Torte. Daher sollten Sie unbedingt darauf achten, dass die einzelnen Tortenböden (und damit die gesamte Torte) völlig waagerecht und die einzelnen Torten möglichst gleich hoch sind. Wichtig:

- Immer einen gut durchgekühlten Boden verwenden (am besten am Vorabend backen und im Kühlschrank aufbewahren). Dann ist der Boden stabil und lässt sich optimal verarbeiten.
- Sollte der Tortenboden eine »Haube« haben, den Boden mit einem großen Küchenmesser so zurechtschneiden, dass eine waagerechte Oberfläche entsteht.

TEIGMENGENBERECHNUNG JE NACH FORMGRÖSSE

Bei jedem Teigrezept ist die Formgröße angegeben. Füllen Sie eine entsprechende Form mit Wasser und messen Sie die Menge ab. Wollen Sie die Teigmenge für eine kleinere Form ausrechnen, füllen Sie diese ebenfalls mit Wasser und messen dieses wieder ab. War es bei der großen Form zum Beispiel 1 Liter, bei der kleineren nur 750 Milliliter, brauchen Sie also nur ¾ der Mengen des Ausgangsrezepts. Entsprechend können Sie mit allen Formgrößen verfahren.

Tortenböden füllen

SCHRITT 1 Die Höhe des Tortenbodens abmessen und den Boden mithilfe einer Tortenharfe in gleich hohe Einzelböden zuschneiden. Für eine ebene Oberfläche den obersten Boden mit einem der mittleren Böden austauschen. Ich wähle für meine Einzelböden eine Dicke zwischen 2 und 2,5 cm. Bei weniger Dicke sind sie instabil, bei zu viel Dicke schmeckt man die Creme nicht mehr.

SCHRITT 2 *Die Böden tränken:* Je nachdem welche Frucht oder Füllung in der Torte selbst verwendet wird, diese Frucht mit einem passenden Alkohol-Wasser-Gemisch (oder nur Wasser) mischen und damit die Böden mit einem Pinsel einstreichen, zum Beispiel pürierte Himbeeren mit Himbeergeist oder Marillenmarmelade (Aprikosenkonfitüre) mit Marillengeist. Das Tränken macht den Boden saftiger und verlängert die Haltbarkeit der Torte.

SCHRITT 3 Falls gewünscht, die Böden nun mit (passierter) Marmelade/Konfitüre oder mit pürierten und mit Gelatine oder Speisestärke gebundenen Früchten bestreichen.

SCHRITT 4 Die gewünschte Füllcreme (Rezepte siehe Seite 30 ff.) in einen Spritzbeutel mit Lochtülle füllen und die Creme von außen nach innen spiralförmig aufspritzen.

SCHRITT 5 Den nächsten Boden mithilfe einer Tortenpappe aufsetzen und in der gleichen Weise weiterverfahren. Darauf achten, dass die Torte absolut waagerecht bleibt. Wichtig: Den obersten Boden und den äußeren Rand nicht mit der Füllcreme bestreichen.

SCHRITT 6 Die gefüllte Torte mindestens 1 Stunde in den Kühlschrank stellen und gut durchkühlen.

Torte zum Eindecken vorbereiten

SCHRITT 1 Während die zusammengesetzte Torte durchkühlt, die Masse zum Ummanteln (Buttercreme oder Ganache, Rezepte siehe Seite 33) vorbereiten. Sie ist das Bindeglied zwischen Oberfläche/Rand und der späteren Decke (= Fondantüberzug) und sorgt dafür, dass eine völlig glatte Fläche entstehen kann und der Fondant auf der Torte haftet.

❶ *Tortenboden mit einer Tortenharfe in Einzelböden teilen.* ❷ *Die Böden mit einer Frucht-Wasser-Mischung tränken.* ❸ *Die Füllcreme von außen nach innen aufspritzen.* ❹ *Den nächsten Boden auflegen, den Vorgang wiederholen.* ❺ *Zum Ummanteln zunächst den Rand einstreichen …* ❻ *… dann die Oberfläche; mit einer Palette glatt streichen.*

❶ *Den Fondant ausrollen.* **❷** *Mithilfe des Teigrollers über die Torte legen.* **❸** *Von oben nach unten glatt streichen.*
❹ *Den Fondant unten andrücken, Ränder abstechen.* **❺** *Die Torte umdrehen, die Kanten nach unten streichen.* **❻** *Die Torte wieder umdrehen.* **❼** *Die Stützstäbe auf eine Länge bringen.* **❽** *In die Markierungen stecken.* **❾** *Die nächste Etage aufsetzen.*

SCHRITT 2 Die Buttercreme/Ganache mit einer Winkelpalette in zwei Schichten aufstreichen, dabei mit dem Rand beginnen. Die Torte nach der ersten Schicht noch einmal für etwa 15 Minuten in den Kühlschrank stellen. Nach jeder Schicht die Creme/Ganache mit einer Teigkarte gleichmäßig abziehen. Die Torte ist nun perfekt vorbereitet, um eingedeckt zu werden.

Torte eindecken

SCHRITT 1 Die Höhe und den Durchmesser der Torte ausmessen, um so den Durchmesser des benötigten Rollfondants ausrechnen zu können. Beispiel: Bei einer Höhe von 10 cm und einem Durchmesser von 18 cm wird eine Fläche mit einem Durchmesser von 38 cm benötigt.

SCHRITT 2 Wenn Sie Ihre Torte mit Ganache eingestrichen haben, die Oberfläche gleichmäßig mit gehärtetem Pflanzenfett einstreichen (dieses einfach zwischen den Handflächen erwärmen, bis es schmilzt), damit der Fondant besser hält. Bei Buttercreme die Oberfläche lediglich mit den Händen etwas anwärmen.

SCHRITT 3 Die Torte auf einen Drehteller setzen.

SCHRITT 4 Den Fondant gut durchkneten, sodass er schön weich und geschmeidig ist. Eine glatte Arbeitsfläche mit Puderzucker besieben und den Fondant gleichmäßig darauf ausrollen, aber nicht wesentlich größer als die benötigte Fläche. Der Fondant wird durch seine Schwerkraft ohnehin noch größer, und bei einer zu großen Fläche wirft er sehr viele Falten. Mithilfe des Teigrollers aufnehmen und über der Torte wieder abrollen.

SCHRITT 5 Den Fondant gleichmäßig in streichenden Bewegungen von oben nach unten anlegen. Den Drehteller dabei drehen und den Fondant über mehrere Runden nach unten streichen.

SCHRITT 6 Mit einem Fondantglätter (Smoother) den Fondant am unteren Rand der Torte andrücken und den überschüssigen Fondant mit einer Teigkarte abstechen oder mit einem Pizzaschneider abschneiden. Die Oberfläche der Torte mit dem Smoother glätten.

SCHRITT 7 Ein Cakeboard (oder ein großes Brett) mit Backpapier belegen und die Torte auf den Kopf stellen. Die Kanten mit dem Smoother nach unten streichen und so »scharfe Kanten« schaffen. Die Torte wieder umdrehen.

Die Etagen zusammensetzen

Mehrstöckige Torten müssen stabilisiert werden, damit die einzelnen Etagen nicht verrutschen und die jeweilige Torte darunter das Gewicht der Torte darüber tragen kann, ohne einzusinken. Dafür verwendet man spezielle Tortenstützen oder Buchenholzstäbe aus dem Baumarkt.

SCHRITT 1 Markieren Sie den Durchmesser der Torte der zweiten Etage, indem Sie den Backformring mittig auf die Oberfläche der ersten Etage legen und sanft andrücken.

SCHRITT 2 Stecken Sie – je nach Durchmesser der Torte – 3 bis 5 Tortenstützen oder Buchenholzstäbe mit 1 cm Durchmesser in die Kreismarkierung. Zeichnen Sie die Höhe der Stäbe mit einem Bleistift an, ziehen sie wieder heraus, schneiden die Stäbe mit einem scharfen Messer oder einer Säge zu und stecken sie wieder in die Torte.

Einfache Dekorationen

Die Bilder dieses Buches geben Ihnen eine Fülle von Anregungen für Dekorationen: ausgeschnittene, aufgespritzte, modellierte, was immer Ihnen gefällt. Sie sollen dazu beitragen, Ihr Können realistisch einzuschätzen, und sollen Ihnen zeigen, mit wie wenig Aufwand wunderschöne Motive entstehen.

Ausgeschnittene oder ausgestochene Dekorationen

Für Anfänger empfehle ich ausgestochene Dekorationen. Mit sogenannten Cuttern lassen sich aus dünn ausgerollter und nach Belieben eingefärbter Blütenpaste (Flowerpaste) sehr persönliche Elemente, wie Zahlen, Buchstaben, Tiere, ausstechen oder auch effektvolle Motive wie die Zuckerwölkchen auf der Tauftorte auf Seite 62 bzw. rechts. Mithilfe eines Lineals können Sie ganz einfache, gleichmäßig breite Streifen aus Blütenpaste ausschneiden, wie rechts und auf Seite 72 zu sehen. Die ausgestochenen/ausgeschnittenen Motive einfach mit etwas Zuckerkleber bepinseln und auf die Torte kleben – oder auch auf Cupcakes oder Cake Pops.

Zuckerkleber können Sie in Fachgeschäften für Tortendekorationen kaufen oder selbst herstellen. Dafür brauchen Sie zunächst ein kleines, fest verschließbares Glas. Geben Sie etwa 1 Messerspitze CMC (erhältlich in Tortenfachgeschäften) mit wenig Wasser in das Glas, schütteln kräftig und stellen es über Nacht in den Kühlschrank. Jetzt haben sich alle Klümpchen aufgelöst und der glasklare Zuckerkleber kann verwendet werden. Sollte er zu dickflüssig geraten sein, einfach mit Wasser verdünnen. Der Zuckerkleber kann 1 Monat im Kühlschrank aufbewahrt werden. Wenn Ihnen kein CMC zur Verfügung steht, können Sie

die Dekoelemente natürlich auch mit konzentriert eingekochtem Zuckersirup ankleben.

Geprägte Dekorationen

Ebenfalls für Anfänger bestens geeignet sind Dekoelemente, die mithilfe von Silikonformen, den sogenannten Moulds, hergestellt werden. Dafür werden die Formen lediglich dünn mit Speisestärke ausgepudert. Rollfondant und Blütenpaste werden im Verhältnis 1:1 verknetet und in die Form gepresst. Die Moulds bestehen aus weichem Silikon, wodurch sich die geprägten Dekorationen sehr einfach aus der Form lösen lassen. Mit diesem Hilfsmittel lassen sich wunderbare Dekorationen zaubern. Meist gibt es Moulds zu bestimmten Themen in einem Set, das heißt, Sie erhalten zum selben Thema gleich mehrere Motive. Auch die geprägten Dekoelemente werden mit Zuckerkleber angeklebt, wie bei dem geprägten Blütenstempel rechts bzw. auf Seite 95 zu sehen.

Aufgespritzte Dekorationen

Etwas mehr Übung erfordern aufgespritzte Dekorationen. Sie verwenden hierfür kleine Spritzbeutel, feine Tüllen (Nr. 1,5 und Nr. 2) sowie die Eiweißspritzglasur von Seite 21, die Sie je nach Wunsch mit Gelfarben einfärben können. Hiermit können Sie Buchstaben, Zahlen, Perlenketten usw. auf Ihre Torte, Cupcakes, Cookies oder Cake Pops zaubern. Um etwas Übung zu bekommen, empfehle ich Ihnen zu Beginn, der Step-by-step-Anleitung auf Seite 20 zu folgen.

1 *Ausgestochene und ausgeschnittene Motive aus Blütenpaste.* **2** *Ausgeschnittene Bänder aus Blütenpaste.*
3 *Modellierte Blüten aus Blütenpaste mit einem geprägten Blütenstempel.*

Modellierte Dekorationen

Modellierte Dekorationen stellen die Königsklasse dar. Sobald Sie sich einigermaßen sicher im Umgang mit Rollfondant und Blütenpaste fühlen, können Sie sich an einfache modellierte Dekorationselemente wagen, zum Beispiel an modellierte Tiere oder einfache Blumen beziehungsweise Blüten. Wenn Sie Tiere modellieren möchten, empfehle ich Ihnen, mit einem kleinen Bären zu beginnen; er stellt die Ausgangsbasis für viele andere und aufwendigere Tiere dar. Als Modelliermasse verwenden Sie Rollfondant und Blütenpaste im Verhältnis 2:1. Oder Sie mischen etwas CMC (erhältlich in Tortenfachgeschäften) in den Rollfondant, wickeln ihn in Klarsichtfolie und lassen ihn 10 Minuten ruhen. In dieser Zeit härtet der Rollfondant aus und ist dann bereit zum Modellieren.

Mit Zuckerpapier arbeiten

Das Dekorieren mit Zuckerpapier ist sehr einfach: Das Zuckerpapier mit dem gewünschten Motiv bedrucken, in der gewünschten Form zurechtschneiden und mit Zuckerkleber auf die Torte, die Cookies oder Muffins kleben. (Bezugsquelle für Zuckerpapier siehe Seite 124.)

Doch Lebensmitteldrucker und die dazugehörigen Patronen/Lebensmitteltinte sind eine Kostenfrage. Auch wenn mit einem Lebensmitteldrucker sehr schnell ausgefallene Dekoelemente gezaubert werden können, verwende ich ihn selten. Deshalb möchte ich diese Technik nur der/m sehr aktiven Tortenbäcker/in empfehlen.

Drizzle Cake – Tortenguss auftragen

SCHRITT 1 Eine Torte entweder mit Buttercreme einstreichen oder mit Fondant überziehen, aber die Kanten nicht scharf schleifen, sondern rund lassen, damit der Guss schön ablaufen kann. Die Torte mindestens 1 Stunde kühl stellen.

SCHRITT 2 Candy Melts nach Wahl schmelzen und so lange mit gehärtetem Pflanzenfett verdünnen, bis eine recht flüssige Masse entstanden ist, die zügig vom Löffel läuft, aber auch nicht zu flüssig ist.

SCHRITT 3 Die Torte aus dem Kühlschrank nehmen und am besten auf einen Drehteller stellen. Zunächst den Guss zügig mit einem Löffel über die Kanten ablaufen lassen. Die restliche Masse in einem Schwung auf die Oberfläche gießen und die Drehplatte schnell hin und her bewegen, sodass sich der Guss gleichmäßig auf der Oberfläche verteilt.

SCHRITT 4 Die Torte mit Meringue, Macarons und/oder getrockneter und zerkrümelter Eiweißspritzglasur dekorieren.

❶ *Den Guss über die Kanten laufen lassen.* ❷ *Den Guss auf der Oberfläche verteilen.* ❸ *Die Oberfläche dekorieren.*

Magnolien modellieren

Blüten sind zweifelsohne das Highlight jeder Tortendeko-ration. Und Blüten selbst zu modellieren ist deshalb ein Traum für jede ambitionierte Tortenbäckerin. Hier sind Geduld, Fingerfertigkeit, das richtige Werkzeug und geeignete Hilfsmittel gefragt. An erster Stelle aber steht die Übung, für die Sie sich Zeit – auch für Wiederholungen – nehmen müssen. Mit jedem Mal werden Sie mit Ihrem Ergebnis zufriedener sein.

Im Folgenden lernen Sie step by step die Herstellung einer Magnolienblüte kennen. Bei dieser Blüte erlernen Sie bereits viele Techniken, die Sie für die Herstellung anderer Blumen benötigen, sodass Sie mit diesen Grundtechniken schon bestens gerüstet sind.

SCHRITT 1 Im Supermarkt »Appletrays« besorgen, also die Hartkartonschalen, in denen Äpfel gelagert werden. Diese eignen sich wunderbar, um Blätter für Blumen in der gewünschten Form trocknen zu lassen. Den Karton am besten so zerschneiden, dass einzelne Schalen entstehen. So können Blütenblätter über die Kante gelegt werden, und die Schalen lassen sich zum Aufbewahren leicht stapeln.

SCHRITT 2 Blumendraht für die Blütenblätter (erhältlich in Tortenfachgeschäften) mit einer Schere dritteln (hier einen sehr feinen Blumendraht verwenden).

SCHRITT 3 Blütenpaste mit gehärtetem Pflanzenfett so lange durchkneten, bis die Paste sehr weich und geschmei-dig ist. Auf einem speziellen Ausrollbrett (oder einer Fläche, auf der die Blütenpaste nicht anklebt) sehr dünn ausrollen.

SCHRITT 4 Für die äußeren Blätter mit einem großen Blütenausstecher 5 Blütenblätter ausstechen. Sofort den Blumendraht in Zuckerkleber tunken und ungefähr bis zur Hälfte in jedes Blütenblatt stecken. So gedrahtet in die Apfelschale über die Kante legen, damit sich die Ränder ein wenig nach außen biegen. Am besten über Nacht trocknen lassen.

SCHRITT 5 Für die inneren Blätter 3 kleine Blüten-blätter ausstechen und ebenfalls drahten. Auf eine Schaum-stoffmatte legen und die äußeren Ränder mithilfe eines Ball Tools mit leichtem Druck wellen. Ebenfalls in einer Apfelschale über Nacht trocknen lassen – hier allerdings die Blätter in das Innere der Schale legen.

SCHRITT 6 Für den Fruchtknoten im Inneren der Blüte einen stärkeren Blumendraht mit der Schere dritteln. Blütenpaste mit Gelfarbe grün einfärben und einen Kegel formen. Ein Ende des Drahtes in Zuckerkleber tauchen und den Kegel darauf stecken. Etwas trocknen lassen und dann den Kegel mit einer Schere einschneiden, sodass »Zacken« entstehen.

SCHRITT 7 Am nächsten Tag das untere Viertel der Blütenblätter mit einem weichen Pinsel mit Lebensmittel-puder einfärben.

SCHRITT 8 Zunächst die Drähte der 3 kleinen Blüten-blätter um den Fruchtknoten wickeln, dann die 5 äußeren Blätter. Die Drähte mit weißem Floristenklebeband umwickeln.

❶ Die Blütenpaste dünn ausrollen. ❷ Die Blütenblätter ausstechen. ❸ Blumendraht hineinschieben, über die Kante der Appletrays legen. ❹ Mit einem Ball Tool die Ränder wellen. ❺ »Zacken« in den Kegel schneiden. ❻ Die Blütenblätter im unteren Viertel einfärben. ❼ Die Drähte der Blütenblätter um den Kegel wickeln. ❽ Die fertige Blüte – Basistechnik für eigene Fantasien.

① Den Cookieteig mit der Gabel einstechen. **②** Eiweißspritzglasur zubereiten und einfärben. **③** Konturen für den »Eiscremeteil« aufspritzen. **④** Dünn aufgestrichene Spritzglasur backen. **⑤** Gebackene Spritzglasur grob zerkrümeln. **⑥** Das Waffelmuster mit Spritzglasur nachziehen. **⑦** Zerkrümelte Spritzglasur auf den »Eiscremeteil« streuen. **⑧** Die fertig dekorierten Eistüten-Cookies.

Cookies dekorieren

Diese Technik können Sie bei allen flachen Gebäcken anwenden. Basis sind der Buttercookieteig (Rezept siehe Seite 64) und die Eiweißspritzglasur.

SCHRITT 1 Den Buttercookieteig nicht zu dünn ausrollen. Er soll gerade ausreichend dick sein, sodass ein Schaschlikspieß hineingeschoben werden kann. Die gewünschte Form ausstechen und einen in Wasser getauchten Schaschlikspieß ungefähr bis zur Hälfte in den Keks stecken. Die Cookies mit einer Gabel mehrmals einstechen und backen. Vor dem Dekorieren vollständig auskühlen lassen, damit die Cookies fest sind und sehr stabil auf dem Spieß »sitzen«.

SCHRITT 2 Die Eiweißspritzglasur vorbereiten und in den gewünschten Farben (hier zum Beispiel Lebensmittelfarbe Fuchsia und Teddy Bear Brown) einfärben. Einen Teil der braun eingefärbten Spritzglasur in eine Tupperdose füllen und in den Kühlschrank legen, sie wird erst am nächsten Tag für das Gitter benötigt. Die restliche braun eingefärbte und die fuchsia eingefärbte Spritzmasse separat so lange mit Wasser verdünnen, bis eine sehr flüssige Masse entsteht. Jeweils in einen Spritzbeutel mit Lochtülle Nr. 1,5 füllen.

SCHRITT 3 Zunächst den »Waffelteil« des Cookies mit braun eingefärbter Eiweißspritzglasur ausfüllen und etwa 20 Minuten antrocknen lassen, dann den »Eiscremeteil« des Cookies mit heller oder fuchsiafarben eingefärbter Spritzglasur ausfüllen – nicht beide Teile zugleich, sonst rinnen die Farben ineinander. Über Nacht trocknen lassen. Die restlichen Farben in separate Tupperdosen geben und im Kühlschrank für den nächsten Tag aufbewahren.

SCHRITT 4 Den Backofen auf 80 °C Ober- und Unterhitze vorheizen und ein Backblech mit Backpapier auslegen. Den Großteil der Eiweißspritzglasur, die für den »Eiscremeteil« der Cookies eingefärbt wurde, mit einer Winkelpalette dünn auf das Backpapier aufstreichen und so lange backen, bis die Glasur ganz trocken ist. Kurz abkühlen lassen, dann grob zerkrümeln.

SCHRITT 5 Am nächsten Tag mit Lebensmittelstiften das Waffelraster auf den Cookies vorzeichnen. Den Teil der braunen Eiweißspritzglasur, der noch unverdünnt ist, aufschlagen und nur ein wenig mit Wasser verdünnen, sodass noch ein stabiler Faden gezogen werden kann. In einen Spritzbeutel mit Lochtülle Nr. 1 füllen, das Gittermuster nachziehen.

SCHRITT 6 Die flüssige Eiweißspritzglasur für den »Eiscremeteil« vom Vortag aufschlagen, in einen Spritzbeutel mit Lochtülle Nr. 1,5 füllen und recht breit in zwei Streifen auf den oberen Teil aufspritzen. Sofort mit der zerkrümelten Spritzglasur bestreuen und über Nacht trocknen lassen.

Eiweissspritzglasur (Royal Icing)

ZUTATEN
zum Überziehen und Verzieren von 30 großen Cookies

2 Eiweiß von Medium-Bio-Freilandeiern, 500 g extrafeiner Puderzucker (= Icing Sugar; gröberer Puderzucker verstopft die Spritztülle), 1 Prise Salz, Gelfarben zum Einfärben (siehe Bezugsquellen, Seite 124), Wasser zum Verdünnen, ganz feine Tüllen zum Aufspritzen (Lochtüllen Nr. 1, Nr. 1,5 und Nr. 2)

So viel Zeit muss sein: 15 Minuten
Haltbarkeit: 1 Tag

Das Rezept stellt das Grundrezept zum Dekorieren von Cookies dar. Je nachdem ob die Oberfläche der Cookies damit zur Gänze überzogen oder die Cookies danach mit Mustern dekoriert werden sollen, muss die Basiskonsistenz mit mehr (zum Überziehen) oder weniger (für filigrane Verzierungen) Wasser verdünnt werden.

1. Die Eiweiße mit dem Zucker und dem Salz in einer Rührschüssel so lange schlagen, bis eine steife, schnittfeste Masse entsteht. Ein Messerschnitt sollte sichtbar sein. Nach Belieben mit Gelfarben einfärben. Je nach gewünschter Konsistenz mit Wasser verdünnen.

2. In einen Spritzbeutel mit Tülle nach Wahl füllen und loslegen.

Tortenböden

Im Folgenden finden Sie Basisrezepte für Tortenböden, die sich prima für dekorierte Torten eignen, da sie sehr stabil sind. Im Anschluss daran finden Sie auch Basisfüllcremes. Je nach Geschmack können Sie die unterschiedlichen Böden und Cremes miteinander kombinieren. Da die Torte mit Fondant überzogen wird, ist es für den äußeren Eindruck unerheblich, welcher Boden und welche Creme darunter versteckt sind – hier zählt nur der reine Geschmack.

Sacherboden

ZUTATEN
für 1 Springform mit 26–28 cm ⌀

250 g Butter
220 g Kochschokolade
160 g Mehl
8 g Speisestärke
8 g Backpulver
10 Bio-Freilandeier
260 g Puderzucker
ausgeschabtes Mark von
½ Vanilleschote
1 Prise Salz

....

So viel Zeit muss sein: 45 Minuten
(Backzeit nicht inbegriffen)

Haltbarkeit: Im Kühlschrank
mindestens 1 Woche (die Torte
zieht nach und wird saftiger!)

SCHWIERIGKEITSGRAD

Der perfekte Basisboden für dekorierte Torten! Da er sehr stabil ist und fast jeder eine Schokotorte mag, eignet er sich hervorragend als unterster Stock für mehrstöckige dekorierte Torten.

1. Den Backofen auf 180 °C Ober- und Unterhitze vorheizen. Die Springform buttern (kalte Butter) und mit Mehl bestauben.

2. Die Butter mit der klein gebrochenen Schokolade in der Mikrowelle oder über dem Wasserbad schmelzen, gut verrühren und etwas auskühlen lassen. Das Mehl mit der Speisestärke und dem Backpulver in einer Schale mit dem Schneebesen gut vermischen.

3. Die Eier trennen und die Eigelbe mit der Hälfte des Puderzuckers und dem Vanillemark schaumig schlagen. Die Eiweiße mit dem Salz anschlagen und nach und nach den restlichen Puderzucker einrieseln lassen. So lange schlagen, bis ein stabiler Eischnee entstanden ist.

4. Die abgekühlte Schokobutter mit dem Schneebesen gut unter den Eigelbschaum mischen. Die Mehlmischung darübersieben und zusammen mit der Hälfte des Eischnees mit dem Schneebesen untermischen. Danach den restlichen Eischnee unterheben und wieder mit dem Schneebesen vermischen, bis sich alle Zutaten gut vermengt haben. Die Masse in die Springform füllen und etwa 1 Stunde backen.

> ## KOMBINIEREN MIT
> *Sie können diesen Boden nur mit Marillenmarmelade (Aprikosenkonfitüre)*
> *füllen (= klassische Sachertorte) oder Sie setzen den Schokoboden mit jeder*
> *beliebigen Cremefüllung (Rezepte siehe Seite 30ff.) zusammen.*
> *Meine Empfehlung ist Himbeer- oder Kokoscreme.*

Saftiger
⤙ Mandel- oder Nussboden ⤚

ZUTATEN
für eine Springform mit 26–28 cm ⌀

105 g dunkle Kuvertüre
(oder Schokolade)
105 g Mehl
4 g Backpulver
225 g gemahlene Mandeln
(alternativ gemahlene Haselnüsse)
11 Bio-Freilandeier
75 + 100 g Zucker
ausgeschabtes Mark von
½ Vanilleschote
1½ EL Rum
1 Prise Salz

. . . .

So viel Zeit muss sein: 45 Minuten
(Backzeit nicht eingerechnet)

Haltbarkeit: 3–5 Tage im
Kühlschrank

SCHWIERIGKEITSGRAD

Dieser Tortenboden ist wie der Sacherboden sehr stabil und eignet sich daher hervorragend als unterster Stock für dekorierte Torten.

1. Den Backofen auf 180 °C Ober- und Unterhitze vorheizen. Eine Springform buttern (kalte Butter) und mit Mehl bestauben.

2. Die Kuvertüre im Wasserbad oder in der Mikrowelle schmelzen und abkühlen lassen. Das Mehl mit dem Backpulver und den Mandeln oder Nüssen in einer Schale mit dem Schneebesen gut vermischen und beiseitestellen. Die Eier trennen.

3. Die Eigelbe mit 75 g Zucker, dem Vanillemark und dem Rum schaumig schlagen. Mit der abgekühlten Kuvertüre vermengen.

4. Die Eiweiße mit dem Salz anschlagen, nach und nach den restlichen Zucker einrieseln lassen. So lange schlagen, bis eine stabile Schneemasse entsteht. Mit der Eigelbmasse mit dem Schneebesen vermischen und das Mehl-Mandel-/ Nuss-Gemisch vorsichtig unterheben. Die Masse in die Springform füllen und etwa 50 Minuten backen.

> ### KOMBINIEREN MIT
> *Sie können diesen Boden mit jeder beliebigen Creme füllen*
> *(Rezepte siehe Seite 30ff.). Meine Empfehlung ist*
> *Nougat- oder Schokoladencreme.*

Biskuitboden

ZUTATEN
für eine Springform mit 22–24 cm ⌀

7 Eigelb von Bio-Freilandeiern
ausgeschabtes Mark von
½ Vanilleschote
abgeriebene Schale von 1 Bio-Zitrone
60 g warmes Wasser
150 + 150 g Zucker
6 Eiweiß von Bio-Freilandeiern
1 Prise Salz
250 g Mehl

So viel Zeit muss sein: 30 Minuten
(Backzeit nicht eingerechnet)

Haltbarkeit: In Klarsichtfolie
im Kühlschrank 3 Tage

SCHWIERIGKEITSGRAD

Wunderbar geeignet als heller, neutraler Basisboden.

1. Den Backofen auf 180 °C Ober- und Unterhitze vorheizen. Die Springform buttern und mit Mehl bestauben.

2. Die Eigelbe mit dem Vanillemark, der Zitronenschale, dem Wasser und 150 g Zucker etwa 10 Minuten schlagen, bis eine ganz helle Masse entsteht.

3. Die Eiweiße mit dem Salz anschlagen und mit dem restlichen Zucker so lange schlagen, bis ein stabiler Eischnee entsteht. Mit einem Schneebesen unter die Eigelbmasse heben. Das Mehl darübersieben und vorsichtig unterheben. Die Masse in die Springform füllen und etwa 50 Minuten backen.

Schokoladenbiskuit: Einen Teil des Mehles durch Kakaopulver ersetzen, also 170 g Mehl und 80 g Kakaopulver.

KOMBINIEREN MIT
Dieser Boden eignet sich besonders für fruchtige Cremes wie
Himbeer- oder Erdbeercreme (Rezepte siehe Seite 30 ff.).

Zitronenboden

ZUTATEN
für eine Springform mit 22–24 cm ⌀

250 g Butter
125 g Mehl
125 g Speisestärke
1 TL Backpulver
5 Bio-Freilandeier
150 g feiner Zucker
ausgeschabtes Mark von
1 Vanilleschote
2 EL Rum
abgeriebene Schale von
2 Bio-Zitronen
1 Prise Salz

....

So viel Zeit muss sein: 30 Minuten
(Backzeit nicht eingerechnet)

Haltbarkeit: In Klarsichtfolie
3 Tage

SCHWIERIGKEITSGRAD

Ein schneller und simpler Sonntagskuchen. Zum Eindecken sollte der Kuchen am Vorabend gebacken werden, damit er die notwendige Stabilität mitbringt und nicht krümelt.

1. Den Backofen auf 180 °C Ober- und Unterhitze vorheizen. Die Springform buttern und mit Mehl bestauben.

2. Die Butter im Topf oder in der Mikrowelle zerlassen (aber nicht kochen!) und abkühlen lassen. Das Mehl mit der Speisestärke und dem Backpulver in einer Schale mit dem Schneebesen gut vermischen.

3. Die Eier mit dem Zucker, dem Vanillemark, dem Rum, der Zitronenschale und dem Salz so lange schlagen, bis eine ganz schaumige Masse entsteht. Abwechselnd die Mehlmischung und die Butter unterrühren – mit dem Mehlgemisch beginnen. In die Springform füllen und etwa 1 Stunde backen.

....
KOMBINIEREN MIT
Sie können diesen Boden ohne jede Creme genießen oder aber mit jeder beliebigen Creme füllen (Rezepte siehe Seite 30 ff.). Meine Empfehlung ist »natur« oder Vanille-, Himbeer- oder Erdbeercreme.
....

Einfacher Mandelboden

ZUTATEN
für eine Springform mit 24–26 cm ⌀

230 g Mehl
1 gestrichener TL Backpulver
125 g gemahlene Mandeln
70 g Speisestärke
5 Bio-Freilandeier (Raumtemperatur)
300 g Butter (Raumtemperatur)
250 g feiner Zucker
ausgeschabtes Mark von
½ Vanilleschote
1 EL Rum
1 Prise Salz

....

So viel Zeit muss sein: 35 Minuten

Haltbarkeit: In Klarsichtfolie
im Kühlschrank 5 Tage

SCHWIERIGKEITSGRAD

Simpel und gut und wunderbar geeignet für eingedeckte Torten.

1. Den Backofen auf 170 °C Ober- und Unterhitze vorheizen. Die Springform buttern und mit Mehl bestauben.

2. Das Mehl mit dem Backpulver, den Mandeln und der Speisestärke in einer Schale mit dem Schneebesen gut vermischen. Die Eier verquirlen und bereitstellen.

3. Die Butter mit dem Zucker, dem Vanillemark, Rum und Salz schaumig rühren, nach und nach die Eier hinzugeben. Das Mehl-Mandel-Gemisch unterrühren. In die Springform füllen und 65–70 Minuten backen.

> ### KOMBINIEREN MIT
> *Sie können diesen Boden ohne jede Creme genießen oder aber mit jeder beliebigen Creme füllen (Rezepte siehe Seite 30ff.). Meine Empfehlung ist »natur« oder Vanille-, Himbeer- oder Erdbeercreme.*

Rübliboden

ZUTATEN
für eine Springform mit 24–26 cm ⌀

525 g gemahlene Mandeln
7½ gehäufte EL Mehl
1½ gestrichene TL Backpulver
1½ Prisen gemahlene Nelken
1 gestrichener TL Zimt
600 g geschälte Möhren
3 EL Zitronensaft
9 Eigelb von Bio-Freilandeiern
200 + 250 g feiner Zucker
ausgeschabtes Mark von
½ Vanilleschote
7 Eiweiß von Bio-Freilandeiern
1 Prise Salz

So viel Zeit muss sein: 50 Minuten

Haltbarkeit: Im Kühlschrank
5 Tage

SCHWIERIGKEITSGRAD

Gesund und lecker und wie geschaffen für einen »gesunden« Sweet Table. Der Boden sollte vor dem Verzehr einen Tag ruhen. Er zieht schön durch, und der Geschmack verbessert sich.

1. Den Backofen auf 180 °C Ober- und Unterhitze vorheizen. Die Springform buttern und mit Mehl bestauben.

2. Die Mandeln mit dem Mehl, dem Backpulver, Nelken und Zimt in einer Schale mit einem Schneebesen gut vermischen und beiseitestellen. Die Möhren raspeln, mit dem Zitronensaft vermischen und ebenfalls beiseitestellen.

3. Die Eigelbe mit 200 g Zucker und dem Vanillemark schaumig schlagen. Zunächst die Möhren, dann das Mandel-Mehl-Gemisch unter den Eigelbschaum heben.

4. Die Eiweiße mit dem Salz anschlagen, den restlichen Zucker nach und nach einrieseln lassen und so lange weiterschlagen, bis ein stabiler Eischnee entstanden ist. Den Eischnee mit dem Schneebesen vorsichtig unter die restliche Masse heben, in die Springform füllen und etwa 1 Stunde backen.

KOMBINIEREN MIT

Dieser Boden schmeckt am besten »natur« oder mit Vanille-Buttercreme (Rezept siehe Seite 32).

Bananenbrotboden

ZUTATEN
für eine Springform mit 22 cm ⌀

80 g Kochschokolade
50 ml Sojamilch
1 TL Apfelessig
230 g Mehl
1 TL Natron
½ TL Backpulver
1 TL Zimt
½ TL Salz
300 g Bananen
80 g weißer Zucker
20 g brauner Zucker
ausgeschabtes Mark von
1 Vanilleschote (alternativ
2 Päckchen Bourbon-Vanillezucker)
100 ml Sonnenblumenöl
80 g Walnusskerne

So viel Zeit muss sein: 40 Minuten

Haltbarkeit: Im Kühlschrank
5–7 Tage

SCHWIERIGKEITSGRAD

Ein supersaftiger Boden und hervorragend geeignet für Menschen mit Lactoseintoleranz.

1. Den Backofen auf 180 °C Ober- und Unterhitze vorheizen. Die Springform buttern (kalte Butter) und mit Mehl bestauben.

2. Die Schokolade zu feinen Stückchen hacken und beiseitestellen. Die Sojamilch mit dem Essig vermengen und ebenfalls beiseitestellen. Das Mehl mit dem Natron, dem Backpulver, Zimt und Salz in einer Schale mit dem Schneebesen gut vermischen.

3. Die Bananen pürieren und mit dem weißen und braunen Zucker sowie dem Vanillemark und dem Öl verrühren. Die Sojamilch-Essig-Mischung sowie das Mehlgemisch zum Bananenpüree geben und alles zu einem glatten Teig vermengen. Die Walnüsse sowie die gehackte Schokolade unterheben und in die Springform füllen. Etwa 40 Minuten backen.

KOMBINIEREN MIT

Der Bananenbrotboden schmeckt am besten »natur«.

Füllcremes

Torten, die mit Rollfondant eingedeckt und anschließend dekoriert werden, eignen sich leider nicht für »leichte« Sahne- oder Quarkfüllungen; denn je länger die Torte zum Dekorieren aus der Kühlung genommen werden muss, desto größer ist die Gefahr – vor allem im Sommer –, dass die Füllung in dieser Zeit verdirbt. Außerdem sind sie nicht geeignet, weil Rollfondant aus Zucker besteht und dadurch die in Sahne oder Quark enthaltene Feuchtigkeit anzieht, was den Rollfondant »klebrig« werden lässt. Auch wenn Sie die Torte vor dem Eindecken mit Rollfondant mit Buttercreme oder Ganache ummanteln, ist diese Gefahr nie zur Gänze gebannt. Das Schöne bei Sweet-Table-Konzepten ist jedoch, dass Sie die fehlende Leichtigkeit der Torten durch fruchtige »Side Cakes«, cremig-fruchtige Cupcake-Toppings und andere leichte Desserts auf dem Table ausgleichen können.

Basis-Buttercreme

ZUTATEN

für eine kleine zweistöckige Torte
mit 20 und 15 cm ⌀, jede Etage
zweimal durchgeschnitten in
je 3 Böden

600 g Butter (Raumtemperatur)
375 g kalte Milch
37 g Speisestärke
1 Eigelb
ausgeschabtes Mark von
½ Vanilleschote
240 g Zucker

Diese Creme eignet sich hervorragend als Basis für dekorierte Torten. Durch die Zugabe von pürierten oder gebundenen Früchten, Schokolade, Nougat usw. lässt sie sich ganz leicht abwandeln.

1. Die Butter in Würfel schneiden und beiseitestellen.

2. Die kalte Milch mit der Stärke, dem Eigelb und dem Vanillemark in einem Topf vollkommen glatt rühren und dann erhitzen, bis ein zähflüssiger Pudding entsteht. In die Rührschüssel der Küchenmaschine umfüllen und kalt schlagen. Sobald der Pudding etwas abgekühlt ist, den Zucker einrieseln lassen und so lange weiterschlagen, bis der Pudding ganz abgekühlt ist.

3. Die Butterwürfel nach und nach untermischen. Keine Sorge, wenn die Buttercreme gegen Ende aussieht, als würde sie ausflocken – einfach weiterrühren, die Creme fängt an zu binden und wird wunderbar fluffig.

> ### TIPP
>
> *Bereiten Sie immer etwas mehr von der Basiscreme zu. Es ist sehr ärgerlich, wenn die Menge plötzlich nicht ausreicht und Sie noch einmal von vorn beginnen müssen. Sollte Ihnen dagegen Creme übrig bleiben, können Sie diese problemlos mindestens 2 Monate einfrieren. Wichtig ist nur, dass die Creme nach dem Auftauen erneut gut aufgeschlagen wird. Die Creme flockt dabei zunächst aus, bindet aber während des Weiterschlagens vollständig ab und wird wieder wunderbar fluffig.*

Rezeptvarianten

Himbeer-, Erdbeer- oder Waldbeeren-Buttercreme: 1¼ Blatt Gelatine in kaltem Wasser einweichen. 100 g Beeren nach Wahl in einem kleinen Topf pürieren (und, falls gewünscht, passieren). Die Gelatine gut ausdrücken, unter das Beerenpüree mischen und vorsichtig erhitzen, bis sich die Gelatine vollständig gelöst hat. Für etwa 1 Stunde kalt stellen, bis die Früchte eine wackelpuddingähnliche Konsistenz haben. Diese nun nach und nach unter die Basiscreme rühren, bis die Creme vollständig gebunden hat.

Schokoladen- oder Nougat-Buttercreme: 150 g dunkle Kuvertüre oder Nussnougat in der Mikrowelle oder über dem Wasserbad schmelzen, abkühlen lassen und unter die Basiscreme rühren, bis die Creme vollständig gebunden hat.

Kokos-Buttercreme: 1¼ Blatt Gelatine in kaltem Wasser einweichen. 90 g Kokossirup in einem kleinen Topf erhitzen. Die Gelatine gut ausdrücken, in den Topf geben und vorsichtig erwärmen, bis sich die Gelatine vollständig gelöst hat. Für etwa 1 Stunde kalt stellen, bis der Sirup eine wackelpuddingähnliche Konsistenz hat. Zusammen mit 25 g Kokosflocken nach und nach unter die Basiscreme rühren, bis die Creme vollständig gebunden hat.

Passionsfrucht- oder Mango-Buttercreme: 100 g kalten Passionsfrucht- oder Mangosaft (Handelsprodukt oder selbst ausgekratzt beziehungsweise püriert) mit 5 g (Passionsfrucht)/3 g (Mango) Speisestärke in einem kleinen Topf ganz glatt rühren. So lange erhitzen, bis eine puddingartige Konsistenz entsteht. Für etwa 1 Stunde kalt stellen, bis der Pudding vollständig ausgekühlt ist. Nach und nach unter die Basiscreme rühren, bis die Creme vollständig gebunden hat.

Reine Vanille-Buttercreme: Bei der Basiscreme mit der Speisestärke das ausgeschabte Mark von zusätzlich 1 Vanilleschote in die kalte Milch einrühren.

Fruchtspiegel

ZUTATEN
für eine kleine zweistöckige Torte
mit 20 und 15 cm ⌀

5 Blatt Gelatine
400 g Früchte (Himbeeren,
Erdbeeren, Waldbeeren)

Um einer gefüllten Torte einen fruchtigeren Akzent zu verleihen, streiche ich gern unter jede Cremeschicht einen Fruchtspiegel. Beispiel: Sacherboden mit Himbeerspiegel und Himbeer- oder Schokocreme.

1. Die Gelatine in kaltem Wasser einweichen.

2. Die Früchte in einem kleinen Topf pürieren (und, falls gewünscht, passieren). Die Gelatine gut ausdrücken, unter das Fruchtpüree mischen und vorsichtig erhitzen, bis sich die Gelatine vollständig gelöst hat. Für etwa 1 Stunde kalt stellen, bis die Früchte eine wackelpuddingähnliche Konsistenz haben.

3. Die gebundenen Früchte mit einer Palette gleichmäßig auf den Böden verstreichen.

Ummanteln einer Torte

Es gibt zwei Möglichkeiten, eine Torte für das Eindecken mit Fondant vorzubereiten: zum einen durch Ummanteln mit Buttercreme und zum anderen durch Ummanteln mit Ganache (einer Mischung aus Schokolade und Sahne). Ich arbeite sehr gern mit Buttercreme, da diese schnell zubereitet ist und ein sehr sauberes Arbeiten ermöglicht. Ganache dagegen besteht aus Schokolade, die oftmals ihre Spuren hinterlässt. Leider ist Buttercreme nur in den kälteren Wintermonaten als Ummantelung einsetzbar, in wärmeren Monaten ist sie nicht stabil genug. Da kommt dann die Ganache zum Zuge.

Buttercreme

Ich mische meine Buttercreme immer im Verhältnis 1:2, sprich 1 Teil Butter und 2 Teile Zucker. Am besten geeignet ist der extrafein vermahlene Puderzucker (= Icing Sugar).

1. Die Butter würfeln und so lange mit dem Flachrührer in der Küchenmaschine schlagen, bis sie eine cremige Konsistenz angenommen hat.

2. Den Puderzucker hinzufügen und weiterschlagen, bis die Masse homogen und schön cremig ist.

Vor allem im Winter kann die Buttercreme sehr schnell wieder aushärten, zum Beispiel wenn man darauf wartet, dass die Torte für den zweiten Überzug im Kühlschrank durchkühlt. In diesem Fall die Buttercreme einfach noch einmal aufschlagen.

Ganache

Ich mische meine Ganache im Verhältnis 600 g dunkle Schokolade zu 250 g Sahne. In vielen Rezepten wird die Ganache im Verhältnis 1:1 oder 2:1 (also 2 Teile Schokolade zu 1 Teil Sahne) gemischt. Ich erhöhe also den Schokoladenanteil, um der Ummantelung noch mehr Stabilität zu geben.

1. Die Schokolade (hier können Sie herkömmliche Kochschokolade verwenden) ganz fein hacken.

2. Die Sahne über die fein gehackte Schokolade gießen und ohne Umrühren in der Mikrowelle oder dem Wasserbad vorsichtig erwärmen. In der Mikrowelle am besten stoßweise (also immer nur für 1 Minute) vorgehen. Nicht umrühren, sondern die Schüssel einfach nur hin und her schwenken, bis sich die Schokolade quasi von selbst löst. Erst wenn sie ganz geschmolzen ist mit dem Teigschaber umrühren, bis eine homogene Masse entsteht.

3. Die Ganache über Nacht absteifen lassen oder für etwa 1 Stunde in den Kühlschrank stellen. In diesem Fall aber alle 10 Minuten umrühren, sonst wird die Masse zu hart.

4. Sobald die Ganache eine Konsistenz wie Quark hat, kann sie zum Ummanteln verwendet werden.

SUMMER PARTY

Sommerliche Gartenparty

Doughnuteclairs

... EINFACH NUR HIMMLISCH ...

ZUTATEN
für 25–30 Stück (je nachdem,
wie groß sie aufdressiert wurden)

Vanillecremefüllung
500 g kalte Milch
100 g Zucker
ausgeschabtes Mark von
½ Vanilleschote
50 g Speisestärke
2 Eigelb von Bio-Freilandeiern
500 g Sahne
1 Päckchen Sahnesteif

Brandteigkringel
250 g Wasser
125 g Butter
Salz
200 g Mehl Type 405
5 verquirlte Bio-Freilandeier
(Raumtemperatur)

Candy-Melts-Überzug
350 g Candy Melts
etwa 6 TL gehärtetes Pflanzenfett

So viel Zeit muss sein:
1½–2 Stunden (Kühlzeit nicht
eingerechnet)

Haltbarkeit: Im Kühlschrank,
mit Klarsichtfolie abgedeckt, 3 Tage
(ganz frisch sind sie natürlich am
alleraller besten)

SCHWIERIGKEITSGRAD

1. Für die Vanillecreme zunächst den Pudding zubereiten. Dafür die kalte Milch mit dem Zucker, dem Vanillemark, der Speisestärke und den Eigelben in einem Topf ganz glatt rühren, bis keine Klümpchen mehr zu sehen sind. Unter ständigem Rühren aufkochen und den Pudding vollständig auskühlen lassen. Dabei Klarsichtfolie direkt auf die Puddingoberfläche legen, damit sich keine Haut bilden kann, von der beim späteren Glattrühren kleine Klümpchen verbleiben könnten. Keine Sorge, die Klarsichtfolie löst sich nach dem Erkalten ohne Probleme. Zwischendurch einige Male umrühren. Die Sahne wird erst später hinzugegeben; andernfalls wird die Creme zu flüssig (!).

2. Den Backofen auf 220 °C Ober- und Unterhitze vorheizen. Zwei Backbleche mit Backpapier auslegen.

3. Für die Brandteigkringel das Wasser mit der Butter und dem Salz in einem Topf zum Kochen bringen. Das Mehl »im Sturz« hinzufügen und kräftig einrühren. Die Masse gut abrösten = ständig rühren, aber zulassen, dass sich auf dem Topfboden ein weißer Film bildet. Je mehr abgeröstet wird, desto lockerer wird das Gebäck. Die Brandmasse auf etwa 40 °C abkühlen lassen. Anschließend die Eier nach und nach hinzugeben (wirklich eines nach dem anderen!), bis eine nicht zu feste Masse entsteht.
Die Brandmasse in einen Spritzbeutel mit großer Sterntülle füllen und auf die mit Backpapier ausgelegten Backbleche kleine Kringel spritzen. Diese gehen beim Backen sehr auf (ungefähr auf die dreifache Größe), deshalb große Abstände einhalten und wirklich klein aufdressieren(!). Das Blech in den Backofen schieben (mittlere Schiene) und 1 Glas Wasser auf den Boden des Ofens schütten (»Schwaden«) – hierdurch bleibt die Oberfläche des Gebäcks feucht und kann sich ausdehnen, ohne Risse zu bekommen. In etwa 20 Minuten goldgelb backen. Gut auskühlen lassen.

4. Zum Füllen die Brandteigkringel horizontal durchschneiden und die Deckel neben die Böden legen. Die Sahne für die Creme mit dem Sahnesteif steif schlagen. Die Klarsichtfolie vom Pudding entfernen, den Pudding glatt rühren und die Sahne vorsichtig unterheben. Die Vanillecreme in einen Spritzbeutel füllen und auf die Böden spritzen.

5. Für den Überzug die Candy Melts mit dem Pflanzenfett auf dem Wasserbad oder in der Mikrowelle schmelzen. Es soll eine recht dünnflüssige Überzugsmasse entstehen; bei Bedarf noch Pflanzenfett unterrühren. Die Deckel der Brandteigkringel kopfüber in die Masse tauchen, etwas absteifen lassen und auf die Unterteile setzen.

REZEPTVARIANTE

Klassischer und superleckerer Schokoüberzug: _115 g Wasser, 80 g Zucker,
50 g Butter und das ausgeschabte Mark von ½ Vanilleschote in einem Topf
aufkochen. 100 g gehackte dunkle Kuvertüre darin schmelzen und bis 109 °C
weiterkochen, bis eine ganz zähflüssige Masse entsteht. Gut verrühren und die
Kringeloberteile mit einem breiten Pinsel damit bestreichen. Im Bedarfsfall
erneut erwärmen, damit der Überzug wieder flüssiger wird._

Karamellisiertes Popcorn

... UND DER KINOABEND KANN BEGINNEN ...

ZUTATEN
für eine große Schüssel karamellisiertes Popcorn

250 g Puffmais (Maiskörner für
Popcorn)
hoch erhitzbares Pflanzenöl
1 EL Butter zum Ausbuttern der
Schüssel

Karamell
20 g Butter
130 g Sahne
100 g Zucker
20 g Wasser

. . . .

So viel Zeit muss sein:
30–40 Minuten

Haltbarkeit: Sollte innerhalb von
1 Tag gegessen werden, weil das
Popcorn schnell klebrig wird

SCHWIERIGKEITSGRAD

1. Die Maiskörner und das Pflanzenöl in einen großen Topf mit Deckel füllen und so lange erhitzen (Schütteln nicht vergessen!), bis alle Maiskörner aufgepoppt sind. Eine große Plastikschüssel mit kalter Butter ausbuttern und das Popcorn hineingeben.

2. Für den Karamell die Butter und die Sahne etwas erwärmen und neben dem Herd bereitstellen.
Den Zucker mit dem Wasser in einem Topf (keine Pfanne!) so lange unter Rühren schmelzen, bis sich der Zucker karamellbraun verfärbt hat. Die Butter-Sahne-Mischung hinzufügen. Es kann sein, dass sich jetzt ein Karamellklumpen bildet (oder sogar mehrere) – keine Sorge, der löst sich durch Rühren beim Einkochen wieder auf. Nun so lange unter Rühren einkochen, bis eine ganz zähflüssige Masse entstanden ist.
Den (heißen) Karamell über das Popcorn »kippen« und so lange verrühren, bis sich der Karamell gleichmäßig über dem Popcorn verteilt hat. Auf Backpapier ausleeren, abkühlen lassen und verklebte Körner voneinander trennen.

TIPPS

- *Nie mehr als die doppelte Menge Karamell zubereiten – die Karamell-klumpen werden sonst zu groß und lösen sich nicht mehr auf.*
- ***Serviervorschlag:*** *Das karamellisierte Popcorn lässt sich sehr attraktiv in getunkten Eiswaffeln servieren. Dafür die Eiswaffeln in mit Pflanzen-fett verdünnte und nach Belieben eingefärbte Candy-Melts-Masse tunken und bis zum Befüllen etwas absteifen lassen.*

Chocolate Chip Cookies

... FOR ALL THE SWEET TOOTHES ...

ZUTATEN
für 36 große Cookies

320 g Mehl Type 405
1 Prise Salz
1 TL Natron
½ TL Backpulver
450 g weiße oder dunkle Kuvertüre
(= ganz hochwertige Schokolade;
entweder fertige Chips oder in
Stückchen von etwa 1 cm Ø gehackt)
2 Bio-Freilandeier (Raumtemperatur)
230 g weiche Butter
220 g brauner Zucker
100 g weißer Zucker
ausgeschabtes Mark von
1 Vanilleschote

So viel Zeit muss sein:
1–1½ Stunden

Haltbarkeit: In einer Dose
mindestens 3 Wochen

SCHWIERIGKEITSGRAD

1. Den Backofen auf 180 °C Ober- und Unterhitze vorheizen. Zwei Backbleche mit Backpapier auslegen.

2. Das Mehl mit dem Salz, Natron und Backpulver in einer Schale mit einem Schneebesen gut vermischen und beiseitestellen. Ebenso die Kuvertürestückchen oder Chips bereitstellen. Die Eier mit der Gabel verquirlen und ebenfalls beiseitestellen. Die Eier dürfen nicht zu kalt sein, sonst flockt die Masse aus – am besten 1–2 Stunden vor dem Backen aus dem Kühlschrank nehmen.

3. Die Butter mit dem braunen und dem weißen Zucker sowie dem Vanillemark in der Küchenmaschine oder mit dem Handrührgerät bei mittlerer Geschwindigkeit schaumig rühren. Die verquirlten Eier nach und nach (nicht auf einmal, sonst flockt die Masse aus!) unter die Buttermischung rühren. Das Mehlgemisch hinzufügen und zuletzt die Schokostückchen mit dem Rührlöffel unterheben.

4. Zwei Esslöffel in kaltes Wasser tauchen, von der Cookiemasse walnussgroße Häufchen abstechen und auf das Backpapier setzen. Sehr viel Platz zwischen den Häufchen lassen – die Cookies laufen beim Backen sehr breit! Die Häufchen mit der angefeuchteten Rückseite des Esslöffels zu flachen Talern drücken. Etwa 8–10 Minuten backen. Die Cookies schmecken am besten, wenn der Zucker schon ein bisschen karamellisiert – daher nach 8 Minuten »auf Sicht« (= den Cookies beim Bräunen zusehen) fertig backen.

5. Die Cookies aus dem Ofen nehmen, mit dem Backpapier auf ein Kuchengitter ziehen und auskühlen lassen. Unmittelbar nach dem Backen sind sie noch sehr weich, sie werden erst durch das Auskühlen formstabil.

REZEPTVARIANTEN

Eiscreme-Cookies: Je 2 Cookies kann man prima mit Eiscreme zusammensetzen und bis zum Servieren im Gefrierschrank aufbewahren.
Marshmallow-Cookies: Selbst gemachte Marshmallows (Rezept siehe Seite 44) auf einen Cookie setzen und 1–2 Minuten bei 200 °C Oberhitze auf Sicht(!) backen, bis die Marshmallowmasse geschmolzen ist. Mit einem zweiten Cookie »deckeln«. Alternativ Cookie und Marshmallow einfach kurz in der Mikrowelle erhitzen.

Die Anleitungen für den Tortenguss und für das Dekorieren der Cookies finden Sie auf den Seiten 16 und 21.

SOMMERLICHES ARRANGEMENT *Ein paar umfunktionierte Kisten und viele bunte Blumen und schon haben Sie ein wundervolles, sommerliches Buffet. Bestücken Sie dieses mit Cake Pops, die Sie nicht am Stiel, sondern in der Eiswaffel servieren, und reichen Sie karamellisiertes Popcorn (Rezept siehe Seite 38) in bunt dekorierten Waffeltüten und schon kann die Party beginnen!*

Marshmallows

... QUICK AND EASY ...

ZUTATEN
für eine Auflaufform von 25 × 21 cm
Größe

1 EL Butter für die Form
2 gehäufte EL + 250 g Puderzucker
2 gehäufte EL Speisestärke
150 ml Wasser
2 Päckchen gemahlene Gelatine
nach Belieben Lebensmittelfarbe
(Gelfarben!) und/oder Aromen

So viel Zeit muss sein: 20 Minuten

Haltbarkeit: Innerhalb von 2 Tagen
essen, danach bildet sich eine nicht
so leckere Zuckerkruste

SCHWIERIGKEITSGRAD

Wichtig: Da die Marshmallowmasse doch einige Zeit geschlagen werden muss,
ist es bei diesem Rezept von Vorteil, wenn Sie die Küchenmaschine einsetzen,
die das Schlagen übernimmt.

1. Die Auflaufform buttern. Die je 2 EL Puderzucker und Speisestärke gut
vermischen und die Hälfte in die gebutterte Auflaufform sieben.

2. Die 250 g Puderzucker in die Rührschüssel der Küchenmaschine geben.
Das Wasser mit dem Gelatinepulver in einem kleinen Topf aufkochen, dabei
gut umrühren, die Gelatine brennt leicht an! Zum Puderzucker in die Küchenmaschine geben und so lange schlagen, bis eine fluffige, zähflüssige Masse
entsteht – aber nicht zu lange schlagen lassen, sonst ist die Masse beim Einfüllen
schon zu fest; dann ergibt sich keine glatte Oberfläche. Nach Belieben Lebensmittelfarbe (Gelfarben) und/oder Aromen hinzufügen.

3. Die Masse in die Auflaufform gießen und mindestens 1 Stunde stehen lassen,
bis eine stabile Marshmallowmasse entstanden ist. Die Hälfte der restlichen
Puderzucker-Speisestärke-Mischung auf die Oberfläche sieben. Aus der Form
stürzen, in Würfel schneiden und auch die Kanten mit dem restlichen Gemisch
bestauben.

TIPPS

- *Obwohl ich grundsätzlich ein Verfechter natürlicher Aromen bin, finde
  ich, dass Marshmallows ein wenig »künstlich« schmecken dürfen, und
  verwende hier sehr gern »Bubble Gum« Aroma (siehe Bezugsquellen,
  Seite 124).*
- *Wie die Meringue kann auch die Marshmallowmasse wunderbar in allen
  Farben eingefärbt und – auf einen Schaschlikspieß aufgespießt oder auch
  nicht – als Dekoelement eingesetzt werden.*

Rhabarber-Erdbeer-Limonade

... GERN AUCH MIT EINEM »SCHUSS« PROSECCO ...

ZUTATEN
für 3–4 Flaschen, je 500 ml

1 kg Rhabarber
250 g Erdbeeren
400 ml Apfelsaft
40 g brauner Zucker
ausgeschabtes Mark von
1 Vanilleschote
Saft von 2 Limetten
1 l Mineralwasser oder – für die
Prosecco-Variante – je ½ l Mineralwasser und Prosecco

....

So viel Zeit muss sein: 1 Stunde

Haltbarkeit: Etwa 3 Tage im
Kühlschrank

SCHWIERIGKEITSGRAD

1. Die Glasflaschen gründlich reinigen und mit kochend heißem Wasser
ausspülen.

2. Den Rhabarber waschen, die Haut abziehen, die Stangen in kleine Stücke
schneiden. Die Erdbeeren waschen, vom Stielansatz befreien und in kleine
Stücke schneiden. Rhabarber und Erdbeeren mit dem Apfelsaft, dem Zucker
und dem Vanillemark etwa 10 Minuten kochen.
Mit dem Mixstab pürieren. Zunächst durch ein grobmaschiges Sieb gießen, dann
durch ein Chiffontuch (Chiffon ist ein praktischer Ersatz für ein feinmaschiges
Sieb) ablaufen lassen. Den Limettensaft hinzufügen.

3. Je 200 ml Saft in die Flaschen füllen und mit Mineralwasser oder je zur Hälfte
mit Prosecco und Mineralwasser aufgießen.

TIPP

- Wer die Limonade gern etwas süßer möchte, kann sie vor dem Abfüllen
  mit Grenadinesirup süßen – dadurch bekommt die Limonade auch eine
  schöne, kräftige Farbe.
- Wer mag, kann die Limonade passend zur restlichen Dekoration mit
  Lebensmittelfarbe einfärben.

Meringue

... SOOOO EIN WUNDERBARES ESSBARES DEKOELEMENT! ...

ZUTATEN
für 4 Backbleche und etwa
90 Meringuesterne

225 g Eiweiß, frisch oder pasteurisiert (insbesondere für Schwangere
sollte aufgrund der Salmonellengefahr
pasteurisiertes Eiweiß verwendet
werden – siehe Bezugsquellen,
Seite 124)
600 g Zucker
150 ml Wasser
Zimt nach Geschmack
nach Wunsch beliebige Lebensmittelfarbe (Gelfarben!), um die Meringue
als essbare Dekoration einzusetzen
nach Wunsch Aromaöl (etwa Vanille-,
Mandel- oder Rosenöl) zum Ver-
feinern

So viel Zeit muss sein:
40–50 Minuten (Backzeit nicht
eingerechnet)

Haltbarkeit: Mit frischem Eiweiß
1–2 Tage; mit pasteurisiertem Eiweiß
bis zu 2 Wochen

SCHWIERIGKEITSGRAD

Wichtig: Für dieses Rezept ist entweder ein (Zucker-)Thermometer oder eine Drahtschlinge (einfach aus Blumendraht eine Schlinge basteln) notwendig. Weiterhin ist es sehr von Vorteil, wenn eine Küchenmaschine zum Einsatz kommt, da das Einfließenlassen des gekochten Zuckers mit einem Handrührgerät doch recht schwierig ist.

1. Den Backofen auf 80 °C Ober- und Unterhitze vorheizen. So viele Backbleche wie vorhanden mit Backpapier oder bedrucktem Meringue Backpapier (siehe Bezugsquellen, Seite 124) auslegen; ansonsten die Meringuemasse einstweilen auf zugeschnittenes Backpapier aufspritzen.

2. Das Eiweiß oder das pasteurisierte Eiweiß abwiegen, in die Küchenmaschine gießen und diese schon so vorbereiten, dass sie nur noch eingeschaltet werden muss.

3. Den Zucker mit dem Wasser in einem kleinen Topf auf höchster Stufe erhitzen und dabei immer wieder umrühren – keine Sorge, das Zuckerwasser brennt nicht an, aber an den Topfwänden bilden sich Zuckerkristalle, die möglichst mitgekocht werden sollen (bei Bedarf die Topfwände mit einem nassen Pinsel zwischendurch abwaschen). Sobald das Zuckerwasser zu kochen beginnt, das Eiweiß auf mittlerer Stufe aufschlagen.
Das Zuckergemisch bis auf 118 °C kochen lassen. Die Temperatur entweder mit einem (Zucker-)Thermometer überprüfen (elektrische Thermometer zeigen bei Induktionsöfen die Temperatur nicht korrekt an!). Oder die Drahtschlinge immer wieder in den kochenden Zucker tauchen und hindurchblasen. Sobald sich eine Zuckerblase durch die Schlinge blasen lässt (wie eine Seifenblase), das Eiweiß auf höchster Stufe aufschlagen. Den Zucker so lange weiterkochen, bis sich beim Hindurchblasen mehrere zusammenhängende Zuckerblasen bilden (= der sogenannte Kettenflug).
Jetzt den kochenden Zucker bei laufendem Gerät langsam, aber stetig in den Eischnee einfließen lassen. Die Masse so lange weiterschlagen, bis sie abgekühlt und zähflüssig geworden ist (wenn die Masse flüssig bleibt, wurde der Zucker zu kurz gekocht). Nach Belieben etwas Zimt hinzufügen. Je nach Wunsch während des Kaltschlagens die Lebensmittelfarbe und/oder das Aromaöl zugeben.

4. Die Masse in einen Spritzbeutel mit großer Tülle (Loch- oder Sterntülle) füllen und kleine Meringuesterne oder -punkte auf das Backpapier spritzen. Mindestens 1½ Stunden im Backofen trocknen lassen (so lange bis sich die Sterne gut vom Backpapier lösen). Während des Backens einen Kochlöffel zwischen Ofen und Ofentür stecken, damit der Dampf entweichen kann, sonst reißen die Meringue!

TAUFE
Kindgerecht feiern

(Schoko) Cake Pops

... KUCHEN AM STIEL FÜR GROSS UND KLEIN ...

ZUTATEN
für 12–16 Cake Pops

365 g Kuchenbrösel
etwa 175 g nicht zu flüssige Marme-
lade/Konfitüre (lieber mit etwas
weniger starten, zugeben kann man
immer noch); je saftiger der Boden,
desto weniger Marmelade/Konfitüre
wird benötigt
50 g Candy Melts (unverdünnt) zum
Befestigen der Sticks
300 g weiße Candy Melts
nach Belieben Lebensmittelfarbe
(Gelfarben!) zum Einfärben
etwa 40 g gehärtetes Pflanzenfett

Außerdem
Cake Pop Sticks, alternativ funk-
tionieren auch Lollipop Sticks,
Schaschlikspieße oder hübsche
Strohhalme aus Pappe
zum Aushärten einen Styropor-
Dummy oder einen Schuhkarton,
in den man Löcher gebohrt hat

So viel Zeit muss sein:
45–60 Minuten

Haltbarkeit: Auch ohne Kühlschrank mindestens 1 Woche

SCHWIERIGKEITSGRAD

Wichtig: Die Kühlschranktemperatur etwas wärmer einstellen. Wer Cake Pops im Sommer macht bei zu kalt eingestelltem Kühlschrank, muss damit rechnen, dass die Glasur »springt« (durch den Temperaturunterschied). Deshalb erstens die Cake Pops nur ganz kurz in den Kühlschrank stellen und zweitens den Kühlschrank nicht zu kalt einstellen!

Dekorieren: Wer Glitter oder sonstige kleine Dekosachen auf den Cake Pops anbringen will, muss das tun, solange die Candy-Melts-Masse noch nicht ganz ausgehärtet ist. Größere Dekoteile lassen sich im Nachhinein ankleben (etwa mit flüssiger Melts-Masse).

1. Mehrere kleine Schneidebretter mit Backpapier belegen.

2. Den Kuchen mit der Hand in eine Schüssel bröseln und die Marmelade/Konfitüre hinzugeben. Beides zu einem saftigen Teig verkneten, und fertig ist die »Basismasse«. Aus dieser Masse möglichst gleich große Stücke abstechen (oder abwiegen) und so lange in der Hand rollen, bis sich schöne runde Kugeln ergeben. Die Kugeln auf die Schneidebretter abrollen, so bekommen sie am wenigsten Druckstellen. Für 10 Minuten in den Kühlschrank stellen.

3. In einem kleinen Gefäß (Porzellan oder Plastik) die Candy Melts (unverdünnt) in der Mikrowelle oder über dem Wasserbad schmelzen. Das dauert ziemlich lange, dabei immer wieder umrühren, damit die Masse nicht anbrennt.
»**Upside down**« **Cake Pops:** Den Stick (Schaschlikspieß oder Strohhalm) in die flüssige Candy-Melts-Masse tauchen und am besten von oben möglichst gerade in die Pops stecken. Zum Aushärten 10–15 Minuten in den Kühlschrank stellen.
»**Sunny side up**« **Cake Pops:** Den Stick (Schaschlikspieß oder Strohhalm) in die flüssige Candy-Melts-Masse tauchen und in den abgeflachten Boden der Cake Pops (der auf dem Schneidebrett lag) stecken. In einen Styropor-Dummy oder den Schuhkarton stecken. Zum Aushärten 10–15 Minuten in den Kühlschrank stellen.

4. Die weißen Candy Melts zusammen mit dem gehärteten Pflanzenfett schmel-zen, bis eine recht flüssige Masse entsteht. Dabei immer wieder umrühren, aber nicht zu »wild«, sonst bilden sich Luftblasen. Das Mischungsverhältnis gilt nur für weiße Candy Melts – voreingefärbte sind dünnflüssiger! Wer die Melts gern selbst einfärben möchte, nun die Gelfarbe unterrühren und so lange mischen, bis ein einheitlicher Farbton entsteht. Die Pops in die flüssige Masse tauchen. Nun den Stick in der linken Hand halten und mit der rechten Hand auf die linke Hand klopfen, um die überschüssige Glasur abzuklopfen, dabei die linke Hand drehen. Leicht hin und her schwenken, um die Glasur gleichmäßig zu verteilen, und entweder auf ein frisches Backpapier setzen oder wieder in den Styropor-Dummy oder Schuhkarton stecken. Zum Aushärten einfach im Raum absteifen lassen.

LECKERE KUCHENBRÖSEL

Für Cake Pops werden Kuchenbrösel benötigt. Dafür können Sie einen speziellen Boden backen, etwa Sacher, Biskuit, Rührteig, ganz nach Geschmack. Ich verwende meistens Brösel oder Bodenstücke, die von Torten übrig bleiben, zum Beispiel die bekannte »Haube«. Diese lassen sich auch einfrieren und bei Bedarf auftauen. Mein persönlicher Favorit sind Schokoladen-Cake-Pops mit Bröseln des Sacherbodens (Rezept siehe Seite 23) und selbst gemachter Marillenmarmelade (Aprikosenkonfitüre).

Ein kleiner Macarons-Prolog

Macarons werden nicht umsonst »die süßen Sensibelchen« genannt. Ihr Gelingen hängt entscheidend ab von dem verwendeten Mandelmehl, den richtigen Spritztüllen und vor allem von den klimatischen Verhältnissen. Wenn alle Komponenten passen, sind Macarons tatsächlich eines der am schnellsten hergestellten Süßigkeiten.

FOLGENDE PUNKTE SIND ZU BEACHTEN:

- *Macarons gelingen nicht mit jedem Mandelmehl, deshalb am besten das in den Bezugsquellen (siehe Seite 124) empfohlene Mandelmehl verwenden. Wenn das Mandelmehl nicht passt, bekommen die Macarons Risse!*

- *Je wärmer die Außen- und Raumtemperatur ist, desto kürzer ist die »Verhautungszeit«. Im Sommer reichen meist schon 7 Minuten.*

- *Bei schwülem Wetter gelingen Macarons in der Regel nicht. Wegen des hohen Zuckergehalts ziehen sie die Feuchtigkeit aus der Luft an, und das verhindert das* »Verhauten«. *An solchen Sommertagen bitte die Nerven schonen und Cupcakes statt Macarons backen.*

- *Nie vergessen, den Kochlöffel zwischen Backofen und Ofentür zu stecken (der sogenannte offene Zug), damit der Dampf entweichen kann, sonst bekommen die Macarons Risse.*

- *Die Macaronschalen am besten am Vorabend zubereiten und erst am nächsten Tag füllen, so können sie noch ein wenig nachtrocknen und man erzielt ein optimales Ergebnis. Sie lassen sich dann leicht vom Backpapier lösen und sind innen noch ein wenig feucht.*

Macarons

… DIE SENSIBLEN …

ZUTATEN
für etwa 45 Macaronschalen
= etwa 22 Macarons

70 g Mandelmehl (siehe Bezugsquellen, Seite 124)
50 + 50 g Puderzucker
50 g Eiweiß, frisch oder pasteurisiert
(siehe Bezugsquellen, Seite 124) –
wegen der Salmonellengefahr sollten
Schwangere pasteurisiertes Eiweiß
verwenden
1 Prise Salz
Lebensmittelfarbe (Gelfarben!)

So viel Zeit muss sein: 20 Minuten
(ohne Verhautungs- und Backzeit)

Haltbarkeit: In einer Tupperdose
im Kühlschrank 3 Tage

SCHWIERIGKEITSGRAD

(um ehrlich zu sein, 6 von 5)

1. Den Backofen auf etwa 150 °C Ober- und Unterhitze vorheizen – die Temperatur ist von Backofen zu Backofen verschieden, hier ein bisschen ausprobieren;
bei manchen Backöfen reichen schon 130 °C. Ein Backblech mit Backpapier
auslegen.

2. Das Mandelmehl mit 50 g Puderzucker vermischen. Das Eiweiß mit Salz und
dem restlichen Puderzucker steif schlagen. Falls gewünscht, hier die Lebensmittelfarbe zugeben. Das Mandelmehl-Puderzucker-Gemisch von Hand unterheben
und so lange rühren, bis die Masse glänzt und zähflüssig von der Teigkarte läuft.

3. Die Masse in einen Spritzbeutel mit 9-mm-Lochtülle füllen und auf das Backpapier dressieren. Dabei nicht wackeln, die Tülle eher am Boden des Backblechs
halten und andrücken, erst am Schluss die Tülle nach oben wegziehen. Das Backblech so lange locker auf den Tisch schlagen, bis die Macarons schön zerlaufen
und keine »Hügel« mehr zu sehen sind (sonst reißen sie!). Etwa 18 Minuten
verhauten lassen (im Sommer reichen 7 Minuten).

4. Das Blech in den Backofen schieben. Kochlöffel zwischen Backofen und
Ofentür nicht vergessen! Etwa 8 Minuten backen. In den letzten Minuten sollten
sich die Macarons heben und den typischen »Fuß« bekommen. Das Backblech
drehen (hintere Kante nach vorn) und die Macarons in weiteren 6½ Minuten fertig
backen (die Backzeiten hängen auch hier wieder vom Backofen ab). Mit dem
Backpapier sofort vom heißen Blech ziehen und auf einer kalten Fläche auskühlen lassen. Nach frühestens 30 Minuten vom Backpapier nehmen – besser aber
über Nacht auf dem Backpapier lassen, sie trocknen nach und lassen sich dann
ganz leicht lösen.

5. Je 2 Macaronschalen mit der Füllung Ihrer Wahl zusammensetzen.

Rosenfüllung

... MIT WEISSER SCHOKOLADE ...

ZUTATEN
für 22 Macarons

110 g weiße Kuvertüre
40 g Sahne
10 g Glukosesirup (nicht unbedingt
notwendig – kann auch weggelassen
werden)
ausgeschabtes Mark von
½ Vanilleschote
25 g weiche Butter
Rosenöl (Apotheke)

Empfehlung: An ganz heißen Sommertagen empfiehlt sich diese stabilere Variante mit weißer Schokolade. Sie muss ebenfalls am Vorabend zubereitet werden, damit sie fest wird.

Die Kuvertüre zerkleinern und in einer Schüssel bereitstellen. Die Sahne mit dem Glukosesirup und dem Vanillemark aufkochen, über die Kuvertüre gießen und so lange rühren, bis die Schokolade geschmolzen ist. Die weiche Butter unterrühren und anschließend das Rosenöl zugeben – nur ein paar Tropfen, es aromatisiert sehr intensiv! Die Masse in einen Spritzbeutel füllen und über Nacht absteifen lassen.

Jasmin- oder Himbeerfüllung: Anstelle von Rosenöl Jasminöl (Apotheke) oder Himbeerpulver (siehe Bezugsquellen, Seite 124) verwenden.

Schokoladenfüllung

... KLASSISCHE CREMEFÜLLUNG ...

ZUTATEN
für etwa 66 Macarons

50 g dunkle Schokolade
(70 % Kakaoanteil)
125 g Milch
15 g Vanillepuddingpulver
80 g Zucker
200 g weiche Butter, in Stückchen
gewürfelt

Wichtig: Diese Füllung ist in kleineren Mengen schwierig herzustellen. Sie können sie jedoch problemlos bis zu 3 Monate einfrieren. Nach dem Auftauen müssen Sie die Creme nochmals aufschlagen. Dabei flockt sie zunächst aus, bindet nach längerem Schlagen aber wieder vollständig.

Die Schokolade schmelzen (Wasserbad oder Mikrowelle), beiseitestellen. Die kalte Milch mit dem Puddingpulver vollkommen glatt rühren und unter Rühren kochen, bis ein zäher Pudding entsteht. In der Küchenmaschine oder von Hand rühren, bis der Pudding etwas abgekühlt ist. Den Zucker hinzufügen und kalt schlagen. Die Butter würfelweise zugeben und schön aufschlagen. Zuletzt die abgekühlte Schokolade untermischen. Die Masse in einen Spitzbeutel füllen und die Macaronschalen sofort damit zusammensetzen.

Nougat-, Vanille- oder Himbeerfüllung: Anstelle der Schokolade 50 g Nougat (geschmolzen), das ausgeschabte Mark von 1 Vanilleschote oder 33 g pürierte (und passierte) Himbeeren verwenden.

Schokomuffins

… EINFACH DAS BESTE SCHOKOMUFFIN-REZEPT! …

ZUTATEN
für 17–25 Muffins, je nach
Förmchengröße

75 g Zartbitterschokolade
(70 % Kakaoanteil)
1½ gestrichene TL Backpulver
½ TL Natron
1 Prise Salz
150 g Mehl Type 405
25 g Kakaopulver
3 Eigelb von Bio-Freilandeiern
(Raumtemperatur)
2 Eiweiß von Bio-Freilandeiern
(Raumtemperatur)
100 ml Buttermilch (oder Joghurt
oder saure Sahne)
130 g Butter (Raumtemperatur)
150 g Zucker
ausgeschabtes Mark von
½ Vanilleschote oder 1 Päckchen
Bourbon-Vanillezucker

So viel Zeit muss sein:
30–40 Minuten

Haltbarkeit: In Klarsichtfolie
im Kühlschrank 3 Tage

SCHWIERIGKEITSGRAD

Wichtig: Das Rezept ist etwas tricky, aber definitiv das beste Rezept für Schoko-muffins. Wichtig für das Gelingen ist, dass sowohl die Butter als auch die Eier Raumtemperatur haben, deshalb am besten 1–2 Stunden vorher aus dem Kühl-schrank nehmen.

1. Den Backofen auf 180 °C Ober- und Unterhitze vorheizen. Papierbackförm-chen vorbereiten; diese können auch in die Mulden eines Muffinblechs gesetzt werden.

2. Die Bitterschokolade über dem Wasserbad oder in der Mikrowelle schmelzen. Aber Achtung: Schokolade brennt in der Mikrowelle sehr leicht an, deshalb nur kurz und stoßweise erhitzen! Etwas abkühlen lassen.

3. Backpulver, Natron, Salz, Mehl und Kakaopulver in einer Schale mit dem Schneebesen gut vermischen. Die Eigelbe mit den Eiweißen verquirlen und bereitstellen. Die Buttermilch ebenfalls bereitstellen.

4. Die Butter mit dem Zucker und dem Vanillemark/Vanillezucker in einer Rührschüssel cremig rühren. Nicht zu lange rühren! Die verquirlte Eimasse nach und nach zugeben. Das langsame Hinzugeben ist bei diesem Rezept besonders wichtig, da andernfalls die Masse ausflockt. Zunächst die Mehlmischung unterrühren, danach die Buttermilch und zuletzt die abgekühlte Schokolade. Alles gut verrühren, in einen Spritzbeutel füllen und 12 Minuten ruhen lassen – das Ruhenlassen stabilisiert die Masse.

5. Die Masse in die Förmchen spritzen, diese aber nur zu ungefähr ⅓ füllen, da die Muffins sehr stark aufgehen. 13–14 Minuten backen (die Zeit ist abhängig vom Ofen). Sind die Muffins zu lange im Ofen, werden sie etwas trocken. Werden sie zu kurz gebacken, fallen sie zusammen. Man behilft sich mit dem »Tasttrick«: Nach 13–14 Minuten die Oberfläche eines Muffins betasten. Fühlt sich die Oberfläche stabil an, einen Probemuffin aus dem Ofen nehmen und beobachten, ob er sofort etwas einfällt. Ist dies der Fall, die Muffins »auf Sicht« weiterbacken. Senkt er sich nur langsam und nur etwas (das ist normal), dann sind die Muffins genau richtig!

> **TIPP**
>
> *Schokomuffins sind der perfekte Sponge für Cupcakes, kombiniert mit fruchtigen Toppings (Rezepte siehe Seiten 60/61 und 109, 112).*

Zitronentopping

... EIN SOMMER-CUPCAKE-TOPPING ...

ZUTATEN
für 12 Cupcakes

1½ Blatt Gelatine
abgeriebene Schale von 1 Bio-Zitrone
Saft von 2 Bio-Zitronen
550 g Mascarino (keinen Mascarpone
verwenden, der macht das Topping zu
weich!)
160 g absolut glatter Topfen, im Sieb
abgetropft (er darf keine Bröckchen
enthalten)
Puderzucker zum Süßen nach
Geschmack

So viel Zeit muss sein: 20 Minuten
(Kühlzeit nicht eingerechnet)

Haltbarkeit: Das Topping sollte
immer frisch zubereitet werden.

SCHWIERIGKEITSGRAD

Empfehlung: Das Topping kann auf Schoko- oder Vanillemuffins gespritzt werden (Rezepte siehe Seite 59 und 108).

1. Die Gelatine in kaltem Wasser einweichen.

2. Den Zitronenabrieb der zuvor heiß abgewaschenen Zitrone beiseitestellen. In dem Zitronensaft die gut ausgedrückte Gelatine kurz aufkochen und in den Kühlschrank stellen, bis der Saft fest geworden ist. Nach 2–3 Stunden hat er eine wackelpuddingähnliche Konsistenz und kann weiter verarbeitet werden. Wenn es schnell gehen muss, kann der Zitronensaft auch für etwa 30 Minuten in den Tiefkühler gestellt werden.

3. Sobald der Zitronensaft geliert ist, diesen grob verrühren. Den folgenden Arbeitsschritt unbedingt von Hand ausführen; mit dem elektrischen Handrührgerät wird das Topping viel zu weich und kann nicht mehr schön aufgespritzt werden. Das verrührte Zitronengelee mit dem Mascarino, dem Zitronenschalenabrieb (hier zunächst nicht alles zugeben, sondern vorsichtig abschmecken), dem Topfen und dem Puderzucker (er ist wichtig, um das Aroma der Zitrone hervorzuheben, aber die Menge hängt ganz vom Geschmack ab) vermengen. Die Masse in einen Spritzbeutel mit großer Sterntülle füllen und sofort aufdressieren.

> **TIPP**
>
> • Das Topping sollte immer frisch zubereitet werden. Wird es in einem Spritzbeutel aufbewahrt, sondert sich Flüssigkeit ab und macht das Topping weich.
> • Das Zitronensaftgelee lässt sich ohne Weiteres vorbereiten und 2 Tage im Kühlschrank aufbewahren.

Bananentopping
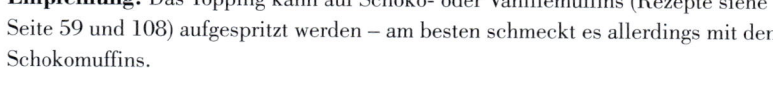

... WER MAG AUCH GERN MIT NUSS ...

ZUTATEN
für 12 Muffins

1 Blatt Gelatine
Saft von 1 Bio-Zitrone
1½–2 mittelgroße, reife Bananen
550 g Mascarino (keinen Mascarpone
verwenden, der macht das Topping
zu weich!)
275 g absolut glatter Topfen, im Sieb
abgetropft (er darf keine Bröckchen
enthalten)
(50 g gemahlene Haselnüsse)
Puderzucker nach Geschmack

nach Belieben Kochschokolade und
½ Banane zum Dekorieren

So viel Zeit muss sein: 15 Minuten
(Gelierzeit nicht eingerechnet)

Haltbarkeit: 2 Tage im Kühlschrank

SCHWIERIGKEITSGRAD

Empfehlung: Das Topping kann auf Schoko- oder Vanillemuffins (Rezepte siehe Seite 59 und 108) aufgespritzt werden – am besten schmeckt es allerdings mit den Schokomuffins.

1. Die Gelatine in kaltem Wasser einweichen. Anschließend gut ausdrücken und in dem Zitronensaft kurz aufkochen, bis sie gelöst ist. Mindestens 1 Stunde kalt stellen. Das Gelee mit einer Gabel oder einem Schneebesen verrühren.

2. Die Bananen in einer Schüssel pürieren und mit dem Zitronengelee vermischen. Beiseitestellen.

3. Den Mascarino und den Topfen in einer Schüssel mit der Hand verrühren. Nicht mit dem elektrischen Handrührgerät arbeiten, damit wird das Topping zu weich! Das Bananenpüree (und nach Belieben die Haselnüsse) vorsichtig unterheben, aber nicht alles auf einmal, denn Bananen sind unterschiedlich groß. Bei zu viel davon, wird das Topping zu weich. Nach Geschmack mit Puderzucker süßen.

4. Das Topping in einen Spritzbeutel mit großer Sterntülle füllen und aufspritzen.

5. Die Kochschokolade raspeln, die halbe Banane in Scheiben schneiden und damit die Bananencupcakes dekorieren.

KINDERFESTE

Insbesondere bei Kinderfesten kann das Thema ganz wunderbar bei allen Süßigkeiten am Tisch aufgegriffen werden. Stechen Sie kleine Wolken oder Ballone aus Zuckerpaste aus und dekorieren Sie damit Torte und Cupcakes oder spritzen Sie mit Eiweißspritzglasur Heißluftballonmuster auf Cookies und Cake Pops. Die Techniken, die Sie hierfür benötigen, finden Sie auf den Seiten 14 ff.

Buttercookies

ZUTATEN
für 50 große Cookies

600 g Mehl Type 405
400 g kalte Butter
200 g Puderzucker
80 g Eigelb
ausgeschabtes Mark von
½ Vanilleschote
1 Prise Salz
etwas Zimt
abgeriebene Schale von 1 Bio-Zitrone

- -

So viel Zeit muss sein: 20 Minuten
(Backzeit nicht eingerechnet)

Haltbarkeit: In einer Blechdose
1 Monat

SCHWIERIGKEITSGRAD

Empfehlung: Diese Cookies eignen sich perfekt als Basiscookies zum Dekorieren (siehe Seite 21), da sie nach dem Backen sehr schön flach sind.

1. Alle Zutaten in die Schüssel der Küchenmaschine füllen, den Flachrührer (nicht den Rührbesen) einsetzen und alles zu einem Teig verarbeiten. Alternativ alle Zutaten mit kalten (!) Händen rasch zusammenkneten. Mürbeteig wird durch Wärme leicht »brandig«, sprich er verliert die Bindung. Die Folge ist, dass der Teig bröselig wird und nicht mehr geschmeidig als zusammenhängender Teig ausgerollt werden kann. Dem lässt sich dadurch vorbeugen, dass nur ganz kalte Zutaten verwendet werden (manche Konditoren kühlen sogar das Mehl) und alles ganz schnell und kalt verarbeitet wird. Mindestens 1 Stunde im Kühlschrank ruhen lassen.

2. Den Backofen auf 180 °C Ober- und Unterhitze vorheizen. Zwei Backbleche mit Backpapier auslegen.

3. Den Cookieteig auf der bemehlten Arbeitsfläche ausrollen, in der gewünschten Form und Größe ausstechen und auf die Bleche legen. Größere Cookies mehrfach mit einer Gabel einstechen, damit sie beim Backen keine »Blasen« werfen und schön flach bleiben. Etwa 9 Minuten backen (bei kleineren Cookies verkürzt sich die Backzeit!). Vor dem Dekorieren gut auskühlen lassen.

REZEPTVARIANTE
Schokocookies: Einen Teil des Mehls durch Kakaopulver ersetzen:
480 g Mehl und 120 g Kakaopulver.

BLACK
& WHITE

Geburtstag

Black & White
Oreo Cheesecake

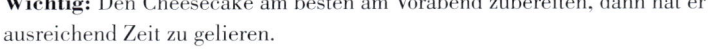

… DIE PERFEKTE »MÄNNERTORTE« – SCHNELL, OHNE BACKEN, GELINGT IMMER! …

ZUTATEN
für eine Springform mit 18 cm ⌀
(8 Portionen)

Boden
200 g Oreo Cookies
100 g Butter

Creme
5 Blatt Gelatine
200 g Crème fraîche
75 g saure Sahne
100 g Naturjoghurt
ausgeschabtes Mark von
1 Vanilleschote
1 EL Zitronensaft
2 EL Wasser
40 g Zucker

- - - - - - - - - - - - - - - - - - - -

So viel Zeit muss sein: 30 Minuten
(Gelierzeit nicht eingerechnet)

Haltbarkeit: Im Kühlschrank
3 Tage

SCHWIERIGKEITSGRAD

Wichtig: Den Cheesecake am besten am Vorabend zubereiten, dann hat er ausreichend Zeit zu gelieren.

1. Die Springform ausbuttern oder den Boden mit Backpapier auslegen. 7 Oreos beiseitelegen für die Dekoration.

2. Für den Boden die restlichen Oreos halbieren und die Füllung entfernen. Die Cookies in einen Gefrierbeutel geben und mit dem Nudelholz zerbröseln (durch Klopfen und Rollen), aber nicht zu fein. Der Boden schmeckt besser, wenn die Cookies noch ein wenig krümelig sind.

3. Nebenbei die Butter zerlassen – sie soll nur schmelzen, aber nicht kochen! Mit den Cookiebröseln vermischen und in die Springform füllen. Gleichmäßig verteilen, ganz leicht andrücken und im Kühlschrank fest werden lassen.

4. Für die Creme die Gelatine in kaltem Wasser einweichen. Die Crème fraîche mit der sauren Sahne, dem Joghurt und dem Vanillemark mit dem Handrührgerät glatt rühren.

5. Den Zitronensaft mit dem Wasser und dem Zucker in einem kleinen Topf erwärmen, bis sich der Zucker gelöst hat. Die Gelatine gut ausdrücken, in den Topf geben und rühren, bis sie sich gelöst hat. 2 EL von der Creme unter die Gelatine rühren, zur restlichen Creme geben und zügig vermengen. Die Mischung wird dabei flüssig; aber keine Sorge, das ist genau richtig so, sie geliert erst im Kühlschrank.

6. Die Creme in die Springform füllen und über Nacht (mindestens aber 3 Stunden) kalt stellen. Wenn es schnell gehen muss, eine ¾ Stunde in den Tiefkühler stellen.

7. Zum Anrichten ein langes Messer oder eine Palette unter heißem Wasser erwärmen, am Rand der Springform entlangfahren und die Creme dadurch von der Form lösen. Zum Präsentieren auf eine Tortenplatte heben. Die Hälfte der übrigen Oreos grob zerbröseln und den Cheesecake mit den ganzen und zerbröselten Oreos dekorieren.

Black & White
Kokos-Schichtdessert

… EINMAL DESSERT IM GLAS BITTE SEHR …

ZUTATEN
für 8–12 Desserts im Glas (je nach Größe der Gläser)

Schokobiskuit
70 g Mehl
30 g Kakaopulver
150 g Eigelb von Bio-Freilandeiern
50 + 100 g Zucker
ausgeschabtes Mark von
½ Vanilleschote
abgeriebene Schale von 1 Bio-Zitrone
150 g Eiweiß von Bio-Freilandeiern
1 Prise Salz

Kokoscreme
5¼ Blatt Gelatine
200 g Kokosmilch
25 g Kokosflocken
75 g Puderzucker
375 g absolut glatter Topfen, im Sieb abgetropft (er darf keine Bröckchen enthalten)
160 g Sahne

nach Belieben Schokoraspel oder Schokoröllchen zum Dekorieren

So viel Zeit muss sein:
1–1½ Stunden

Haltbarkeit: Im Kühlschrank
3–5 Tage

SCHWIERIGKEITSGRAD

Biskuit hat häufig den Ruf, trocken zu sein. Der Grund liegt darin, dass in vielen Rezepten die gleiche Anzahl Eiweiß und Eigelb enthalten ist, etwa 10 Eigelb und 10 Eiweiß. Eiweiß bringt zwar Volumen, macht den Teig aber gleichzeitig »strohig«. Deswegen lieber das Eiweiß reduzieren (Eiweiß ist schwerer als Eigelb, Faustregel für ein mittelgroßes Ei: Eigelb 20 g, Eiweiß 30 g), dann ergibt sich ein leckerer Biskuit, der bis zu 1 Woche supersaftig bleibt!

1. Für den Biskuit den Backofen auf 220 °C Ober- und Unterhitze vorheizen. Ein Backblech mit Backpapier auslegen.

2. Das Mehl und das Kakaopulver in einer Schale mit dem Schneebesen gut vermischen und beiseitestellen. Die Eigelbe mit 50 g Zucker, dem Vanillemark und der Zitronenschale schaumig schlagen.

3. Die Eiweiße mit dem Salz etwas anschlagen, die 100 g Zucker einrieseln lassen und so lange weiterschlagen, bis eine ganz stabile Schneemasse entsteht. Der Zucker stabilisiert den Eischnee. Diese Masse mit dem Schneebesen unter den Eigelbschaum heben. Es ist jetzt klar zu sehen, wie stabil beide Massen zusammen sind! Die Mehl-Kakao-Mischung darübersieben und vorsichtig mit dem Schneebesen unterheben.

4. Die Biskuitmasse gleichmäßig auf das Backpapier streichen. Etwa 8 Minuten auf der mittleren Schiene backen. Der Biskuit hebt sich zunächst und senkt sich dann wieder. Wenn der gesamte Biskuit gleichmäßig wieder auf eine Ebene gesunken ist, ist er fertig!

5. Während der Biskuit im Ofen ist, ein zweites Backpapier vorbereiten und gleichmäßig mit Zucker bestreuen. Den fertig gebackenen Biskuit kopfüber auf das vorbereitete Backpapier stürzen und mit einem feuchten, kalten Tuch über die Rückseite des mitgebackenen Backpapiers streichen – dadurch löst es sich besser. Das Backpapier abziehen und den Biskuit vollständig auskühlen lassen.

6. Aus dem ausgekühlten Biskuit mit einem Ausstechring (oder Keksausstecher) für jedes Glas 2 Biskuitscheiben ausstechen, deren Durchmesser dem des Glases entspricht. 1 Scheibe in jedes Glas legen. Die zweite Scheibe vorerst neben das Glas legen und die Kokoscreme zubereiten.

7. Für die Creme die Gelatine in kaltem Wasser einweichen.

8. Die Kokosmilch mit den Kokosflocken und dem Puderzucker glatt rühren. Den Topfen in einem Topf oder in der Mikrowelle vorsichtig erwärmen, aber nicht zu stark, sonst wird er »gummiartig«. Die Sahne steif schlagen und kalt stellen.

TIPP

Wer lieber einen hellen Biskuit möchte, einfach das Kakao-pulver durch Mehl ersetzen, also insgesamt 100 g Mehl verwenden.

9. Die Gelatine ausdrücken und in einem kleinen Topf oder in der Mikrowelle so lange erwärmen, bis sie ganz flüssig ist. Den warmen Topfen nach und nach unter die Gelatine rühren (wenn beide Komponenten, sprich Topfen und Gelatine warm sind, flockt die Gelatine nicht aus!). Die Topfenmasse unter die Kokosmilchmischung rühren und danach die Schlagsahne mit dem Schneebesen unterziehen. Die Creme in einen Spritzbeutel füllen und die Hälfte gleichmäßig auf die Biskuitscheiben im Glas spritzen. Keine Sorge, wenn die Masse noch etwas flüssig sein sollte, die Gelatine zieht im Kühlschrank an.

10. Die zweite Biskuitscheibe auf die Creme legen und mit der restlichen Creme auffüllen. Etwa 1 Stunde in den Kühlschrank stellen und die Creme fest werden lassen. Nach Belieben mit Schokoraspeln oder Schokoröllchen dekorieren.

INDUSTRIAL CHIC

Sehr modern und sehr schick sind Sweet-Table-Konzepte in Schwarz & Weiß, auch wenn die Rezepte für solche Tables doch einiges an Kreativität erfordern, um auf natürliche Weise auch bei den Süßigkeiten den »Streifenlook« zu kreieren. Solche Tables eigenen sich hervorragend, um sie mit modernen Dekorationsgegenständen, wie Heliumballons und Tassles (Quasten), zu dekorieren! Mischen Sie jedoch unbedingt noch zumindest eine Kontrastfarbe (wie Grün oder Rosa) in Ihr Dekorationskonzept – das setzt Akzente und verhindert, dass der Table »eintönig« wirkt.

Marshmallow Snickers Whoopie Pies

... USA CALLING! ...

ZUTATEN
für 20–24 Whoopiehälften mit etwa
8 cm ⌀ (10–12 Whoopie Pies)

Whoopies
300 g Mehl
60 g Kakaopulver
1¼ TL Natron
1 gestrichener TL Salz
1 Bio-Freilandei (Raumtemperatur)
115 g Butter (Raumtemperatur)
180 g brauner Zucker
240 g Buttermilch

Marshmallowfüllung
115 g Butter (Raumtemperatur)
150 g weiße Marshmallows
1 TL Vanillezucker
130 g Puderzucker

130 g Snickers, fein gehackt

So viel Zeit muss sein: 1½ Stunden

Haltbarkeit: In der Tupperdose im
Kühlschrank etwa 4 Tage

SCHWIERIGKEITSGRAD

1. Den Backofen auf 180 °C Ober- und Unterhitze vorheizen. Zwei Backbleche mit Backpapier auslegen.

2. Für die Whoopies das Mehl mit dem Kakaopulver, Natron und Salz in einer Schale mit dem Schneebesen vermischen. Das Ei verquirlen und bereitstellen.

3. Die Butter mit dem Zucker in der Küchenmaschine oder mit dem Handrührgerät schaumig rühren und das verquirlte Ei vollständig einrühren. Die Mehl-Kakao-Mischung, anschließend die Buttermilch zügig untermischen.

4. Mithilfe von zwei angefeuchteten Esslöffeln 20–24 Häufchen auf das Backpapier setzen und zu Talern flach drücken. Genügend Abstand lassen, die Whoopies dehnen sich beim Backen etwa um ⅓ aus. 12 Minuten backen. Vor dem Füllen etwas abkühlen lassen.

5. Die Hälfte der Whoopies umdrehen, sodass die flache Seite nach oben zeigt.

6. Für die Füllung einen Spritzbeutel vorbereiten und die Spitze mit einem Klipp verschließen.

7. Die Butter mit den Marshmallows, dem Vanillezucker und dem Puderzucker vermengen und in der Mikrowelle oder über dem Wasserbad so lange erhitzen, bis eine flüssige Masse entsteht. Noch flüssig in den Spritzbeutel füllen und ein wenig fest werden lassen. Solange die Füllung zu flüssig ist, rinnt sie seitlich von den Whoopies herunter.

8. Die Marshmallowfüllung auf die Whoopiehälften, die mit der glatten Seite nach oben zeigen, spritzen, mit den gehackten Snickers belegen und die zweite Whoopiehälfte auflegen.

> ### TIPP
>
> *Die Marshmallow Whoopies kann man vor dem Verzehr noch einmal kurz im Backofen oder in der Mikrowelle erwärmen. Dadurch wird die Füllung wieder weicher.*

Blueberry Muffins

... DER KLASSIKER UNTER DEN MUFFINS ...

ZUTATEN
für 19–25 Muffins, je nach Größe der
Muffinbackförmchen

250 g Mehl Type 405
1 Messerspitze Natron
½ Päckchen Backpulver
120 g Zucker
ausgeschabtes Mark von
½ Vanilleschote
1 Prise Salz
1 Bio-Freilandei
80 ml Speiseöl
200 ml Buttermilch
200 g Heidelbeeren (Blaubeeren)
1 EL Mehl

....

So viel Zeit muss sein: 30 Minuten
(Backzeit nicht eingerechnet)

Haltbarkeit: In Klarsichtfolie im
Kühlschrank etwa 3 Tage

SCHWIERIGKEITSGRAD

1. Den Backofen auf 180 °C Ober- und Unterhitze vorheizen. Ein Muffinblech mit den Muffinbackförmchen auslegen.

2. Mehl, Natron, Backpulver, Zucker, Vanillemark und Salz in einer Schale mit dem Schneebesen vermischen.

3. Das Ei mit dem Öl und der Buttermilch verquirlen und unter das Mehlgemisch rühren.

4. Die Heidelbeeren mit dem Mehl bestauben und vorsichtig unter die Muffinmasse heben.

5. Die Muffinmasse in einen Spritzbeutel füllen und in die Muffinbackförmchen spritzen. Diese aber nur zur Hälfte füllen, die Muffins gehen beim Backen noch auf. Etwa 20 Minuten backen.

MAGNOLIA

Runder Geburtstag

Erdbeer-Käsesahne-Torte

... SUPERLECKERE SOMMERTORTE ...

ZUTATEN
für eine Springform mit 26 cm ⌀

Boden
6 Bio-Freilandeier, 280 g Zucker
ausgeschabtes Mark von
½ Vanilleschote, 1 Prise Salz
125 ml Sonnenblumenöl
125 ml Wasser-Rum-Gemisch
(Rum nach Geschmack, mit Wasser
auf 125 ml aufgefüllt)
250 g Dinkelvollkornmehl
11 g Backpulver
1 EL Wasser-Rum-Gemisch zum
Besprenkeln des Bodens

Erdbeer-Käsesahne-Füllung
500 g Erdbeeren
Saft und Schale von 1½ Bio-Zitronen
6 Blatt Gelatine, 100 g saure Sahne
120 g Puderzucker
ausgeschabtes Mark von
½ Vanilleschote
250 g absolut glatter Topfen, im Sieb
abgetropft (er darf keine Bröckchen
enthalten), 400 g Sahne

Buttercreme zum Einstreichen
300 g Butter (Raumtemperatur)
300 g extrafeiner Puderzucker

So viel Zeit muss sein: 90 Minuten
(Back- und Kühlzeit nicht eingerechnet)

Haltbarkeit: Innerhalb von 2 Tagen
essen (im Kühlschrank aufbewahren)

SCHWIERIGKEITSGRAD

1. Für den Boden den Backofen auf 180 °C Ober- und Unterhitze vorheizen. Die Springform buttern und mit gewöhnlichem Mehl bestauben.

2. Die Eier mit dem Zucker, Vanillemark und Salz in einer Rührschüssel etwa 10 Minuten schlagen, bis eine ganz dickschaumige Masse entsteht. Zunächst das Öl, anschließend das Wasser-Rum-Gemisch unterrühren. Mit dem Schneebesen von Hand das Mehl, mit dem Backpulver vermischt, vorsichtig unterheben. Die Masse ist sehr flüssig; aber keine Sorge, das ist genau richtig so. In die Springform füllen und 35–45 Minuten backen.

3. Den Boden vollständig auskühlen lassen. Je nach Belieben einmal oder zweimal horizontal durchschneiden und die Böden mit etwas Wasser-Rum-Gemisch besprenkeln. Einen Boden wieder in die Springform legen. Den oder die restlichen Böden einstweilen beiseitelegen und die Füllung zubereiten.

4. Für die Füllung die Erdbeeren waschen, die Stielansätze entfernen, die Früchte vierteln (nicht zu klein schneiden, größere Stückchen schmecken besser!). Die Zitronen heiß waschen, die Schale abreiben und die Zitronen auspressen.

5. Die Gelatine in kaltem Wasser einweichen. Die saure Sahne mit dem Puderzucker, Vanillemark, Zitronensaft und -abrieb mit einem Schneebesen verrühren. Den Topfen erwärmen – aber nicht zu heiß werden lassen, sonst wird der Topfen gummiartig!

6. Die Gelatine ausdrücken und in einem kleinen Topf oder in der Mikrowelle so lange erwärmen, bis sie flüssig ist. Nach und nach den warmen Topfen zur Gelatine geben; denn wenn sowohl Topfen als auch Gelatine warm sind, flockt die Gelatine nicht aus. Unter die Saure-Sahne-Mischung rühren. Die Sahne nicht ganz steif schlagen und unter die Masse ziehen. Zuletzt die Erdbeeren vorsichtig unterheben.

7. Die gesamte Füllung (wenn der Boden zweimal geteilt wurde, nur die Hälfte) auf dem Boden verteilen, mit dem restlichen Boden (oder den nochmals gefüllten Böden) bedecken und mindestens 3 Stunden in den Kühlschrank stellen. Wenn es schnell gehen muss, einfach eine ¾ Stunde in den Tiefkühler stellen. Zum Lösen der Torte aus der Springform mit einem heißen Messer am Rand der Springform entlangfahren.

8. Für die Buttercreme die Butter so lange schlagen, bis sie sehr hell wird. Puderzucker dazugeben, weiterschlagen. Mit einer Winkelpalette auf die gesamte Torte streichen, dabei mit dem Rand beginnen, mit einer Teigkarte glatt abziehen. Die Torte nach Belieben mit echten oder modellierten Blumen dekorieren.

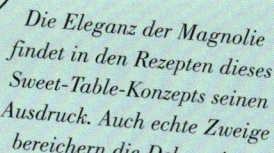

Die Eleganz der Magnolie findet in den Rezepten dieses Sweet-Table-Konzepts seinen Ausdruck. Auch echte Zweige bereichern die Dekoration.

Haselnuss-Karamell-Tarte

››››› Tarte ‹‹‹‹‹

... TRÈS FRANÇAIS ...

ZUTATEN
für 2 rechteckige Tarteformen
(34 × 10,5 cm) oder 8 quadratische
Tarteletteförmchen (10 × 10 cm)

Mürbeteig
200 g Mehl
130 g kalte Butter
60 g Puderzucker
40 g gemahlene Haselnüsse
2 Eigelb von Bio-Freilandeiern

Karamell
40 g Butter
260 g Sahne
200 g Zucker
40 g Wasser
einige Prisen Fleur de sel

**Schokoüberzug mit
aufgestreuten Haselnüssen**
100 g Haselnusskerne
180 g Wasser
120 g Zucker
75 g Butter
ausgeschabtes Mark von
½ Vanilleschote
150 g dunkle Kuvertüre, gehackt

·······································

So viel Zeit muss sein: 2½ Stunden
(Back- und Abkühlzeit nicht eingerechnet)

Haltbarkeit: 5 Tage im Kühlschrank

SCHWIERIGKEITSGRAD

1. Für den Mürbeteig alle Zutaten kalt und rasch entweder mit der Küchenmaschine (mit dem Flachrührer, nicht mit dem Schneebesen) oder mit den kalten
Händen zusammenkneten. Eine Rolle formen, in Klarsichtfolie wickeln und für
etwa ½ Stunde im Kühlschrank ruhen lassen.

2. Die Tarteformen oder -förmchen mit Trennfett einsprühen oder buttern und
mit Mehl bestauben und in den Kühlschrank stellen; dann lösen sich die Böden
besser. Den Backofen auf 180 °C Ober- und Unterhitze vorheizen.

3. Den Mürbeteig ausrollen und die Formen/Förmchen damit auslegen. Mit der
Gabel mehrmals einstechen, damit die Böden beim Backen keine Blasen werfen.
Etwa 16 Minuten backen. Auskühlen lassen.

4. Den Karamell nach dem Rezept Karamellisiertes Popcorn (siehe Seite 38)
herstellen, allerdings nicht ganz so lange einkochen lassen und noch einige
Prisen Fleur de sel hinzufügen, dann ist der Karamell nicht ganz so süß.
Die Zutatenmengen sind für 1 rechteckige Tarteletteform berechnet. Eine größere
Menge lässt sich nicht herstellen, da sonst der Karamellklumpen zu groß wird.
Deshalb muss der Karamell für die zweite Form noch einmal zubereitet werden.
Die Tarteletteformen/-förmchen mit dem Karamell ausgießen und ½ Stunde kalt
stellen.

5. Für den Überzug zunächst die Haselnüsse enthäuten: 15 Minuten bei 170 °C
Ober- und Unterhitze auf der mittleren Schiene rösten und noch heiß in einem
trockenen Tuch kräftig aneinanderreiben, um die Häute zu entfernen. (Vorsichts-
halber gleich die doppelte Menge zubereiten, da geröstete Haselnüsse auch so
superlecker schmecken.) Die Hälfte der Haselnüsse grob hacken.

6. Das Wasser mit dem Zucker, der Butter und dem Vanillemark in einem Topf
aufkochen. Die Kuvertüre darin schmelzen und bis 109 °C weiterkochen, es soll
eine zähflüssige Masse entstehen. Auf den abgekühlten Karamell gießen und die
ganzen und gehackten Haselnüssen darauf verteilen.

Trüffelpralinen

... OH LA LA!!! ...

ZUTATEN
für 45 Trüffelkugeln

300 g dunkle Kuvertüre mit
70 % Kakaoanteil (oder beste
Zartbitterschokolade 70 %)
150 g Sahne
1 EL Butter (Raumtemperatur)
Kakaopulver zum Wenden

So viel Zeit muss sein: 45 Minuten
(Ruhezeit nicht eingerechnet)

Haltbarkeit: 1 Woche im Kühlschrank

SCHWIERIGKEITSGRAD

1. Die Kuvertüre ganz fein hacken und in eine Schüssel geben. Die Sahne aufkochen, über die Kuvertüre gießen und so lange rühren, bis die Kuvertüre vollständig geschmolzen ist. Die Butter hinzufügen und rühren, bis sich alles gut vermengt hat. Über Nacht an einem kühlen Ort absteifen lassen oder für etwa 1 Stunde in den Kühlschrank stellen, bis die Masse fest geworden ist.

2. Die Trüffelmasse mit der Küchenmaschine oder mit dem Handrührgerät so lange aufschlagen, bis sie heller wird und in etwa die Farbe von Nougat annimmt. (Das Aufschlagen ist nicht unbedingt notwendig, aber die Trüffelmasse wird dadurch noch ein wenig feiner.)

3. Kakaopulver in eine Schüssel sieben.

4. Mit einem Teelöffel oder Kugelausstecher von der Trüffelmasse gleich große Stücke/Kugeln abstechen und mit den Händen gleichmäßig rund rollen. In dem Kakaopulver wenden, bis die Kugeln vollständig mit Kakao überzogen sind.

TIPP

Die Trüffelmasse kann – je nach Geschmack – auch mit etwas Honig gesüßt und/oder mit Chili »geschärft« werden.

Marzipanpralinen

… ELEGANT UND EINFACH …

ZUTATEN
für 20–30 Pralinen, je nach Größe
der Würfel

50 g Pistazien
200 g Marzipanrohmasse bester
Qualität
100 g Puderzucker
Puderzucker zum Wenden
1 Dose essbares Goldspray
(siehe Bezugsquellen, Seite 124)

Außerdem
Kanthölzer aus dem Baumarkt, zu
einem Rechteck verschraubt

....

So viel Zeit muss sein: 25 Minuten

Haltbarkeit: 2 Wochen in einer
Dose (nicht im Kühlschrank!)

SCHWIERIGKEITSGRAD

1. Die Pistazien 5 Minuten bei 170 °C im vorgeheizten Ofen rösten. Nicht zu fein hacken.

2. Die Marzipanrohmasse mit dem Puderzucker und den Pistazien zu einer homogenen Masse verkneten. In das Kantholzrechteck pressen und mit einem Rollholz darüberrollen, sodass ein gleichmäßig hohes Marzipanrechteck mit geraden Kanten entsteht.

3. Ein scharfes Messer mit neutralem Öl einreiben und gleichmäßige Würfel ausschneiden. Die Würfel nur ganz leicht in Puderzucker wenden und den überschüssigen Puderzucker wieder abklopfen. Die Würfel mit essbarem Goldspray ansprühen.

Schokomohn-Himbeer-Topfentorte

... EINFACH EINE LECKERE KOMBINATION ...

ZUTATEN
für eine Springform mit 26 cm ∅

Boden
200 g Kochschokolade
200 g gemahlene Mandeln
200 g gemahlener Mohn
8 Bio-Freilandeier (Raumtemperatur)
200 g Butter (Raumtemperatur)
120 + 120 g Puderzucker
ausgeschabtes Mark von
1 Vanilleschote, 1 Prise Salz

Himbeerspiegel
5 Blatt Gelatine
400 g Himbeeren

Käse-Sahne-Füllung
Saft und Schale von 1½ Bio-Zitronen
6 Blatt Gelatine, 100 g saure Sahne
120 g Puderzucker
ausgeschabtes Mark von
½ Vanilleschote
250 g absolut glatter Topfen, im Sieb
abgetropft, 400 g Sahne

Buttercreme zum Einstreichen
300 g Butter (Raumtemperatur)
300 g extrafeiner Puderzucker

So viel Zeit muss sein: 2 Stunden
(Back- und Kühlzeit nicht eingerechnet)

Haltbarkeit: Innerhalb von
2–3 Tagen essen (im Kühlschrank
aufbewahren)

SCHWIERIGKEITSGRAD

1. Für den Boden den Backofen auf 180 °C Ober- und Unterhitze vorheizen. Die Springform buttern (kalte Butter) und mit Mehl bestauben.

2. Die Schokolade raspeln, mit den Mandeln und dem Mohn vermischen und beiseitestellen. Die Eier trennen.

3. Die Butter mit 120 g Puderzucker und dem Vanillemark in der Küchen-maschine oder mit dem Handrührgerät glatt rühren. Die Eigelbe nach und nach dazugeben und schaumig rühren. Die Schokomischung unterrühren.

4. Die Eiweiße mit dem Salz anschlagen, nach und nach den restlichen Puder-zucker einrieseln lassen und so lange schlagen, bis eine stabile Eischneemasse entsteht. Mit dem Schneebesen unter die Eigelb-Schoko-Masse ziehen. In die Springform füllen und etwa 50 Minuten backen. Falls der Boden noch nicht durch ist (Stäbchenprobe), aber oben schon dunkel wird, einfach mit Alufolie abdecken und weiterbacken.

5. Den Boden vollständig auskühlen lassen. Anschließend zweimal durch-schneiden, einen Boden wieder in die Springform legen, die anderen beiden Böden beiseitelegen.

6. Für den Himbeerspiegel die Gelatine in kaltem Wasser einweichen. Die Himbeeren im Topf erhitzen und pürieren. Die Gelatine gut ausdrücken, zu den Himbeeren geben und beides unter Rühren kurz erhitzen, bis sich die Gelatine gelöst hat. Abkühlen und etwa 2 Stunden im Kühlschrank anziehen lassen. Mit dem Schneebesen kurz glatt rühren, gleichmäßig auf die Böden verteilen und glatt streichen.

7. Die Käse-Sahne-Füllung zubereiten, wie im Rezept Erdbeer-Käsesahne-Torte (siehe Seite 80) beschrieben, allerdings ohne Erdbeeren. Die Torte füllen, zusammensetzen (siehe wieder Seite 80) und mindestens 3 Stunden im Kühl-schrank anziehen lassen. Wenn es schnell gehen muss, einfach für eine ¾ Stunde in den Tiefkühler stellen. Zum Lösen der Torte aus der Springform mit einem heißen Messer am Rand der Springform entlangfahren.

8. Für die Buttercreme die Butter so lange schlagen, bis sie sehr hell wird. Den Puderzucker dazugeben und weiterschlagen.

9. Die Creme mit einer Winkelpalette auf die Ränder und danach auf die Torten-oberfläche streichen und mit einer Teigkarte glatt abziehen. Die Torte nach Belieben mit echten oder modellierten Blumen dekorieren.

TOILE DE JOUY
Silberhochzeit

Brioche in Förmchen

... MUFFINS MAL FRANZÖSISCH ...

ZUTATEN
für 16–20 Briochemuffins, je nach
Förmchengröße

300 g Mehl Type 405
1 Würfel Hefe (42 g)
1 EL + 20 g Zucker
60 g warme Milch
1 Prise Salz
ausgeschabtes Mark von
½ Vanilleschote
abgeriebene Schale von
½ Bio-Zitrone
3 Bio-Freilandeier (Raumtemperatur)
150 g Butter (Raumtemperatur)
50 g zerlassene Butter
1 Eigelb vom Bio-Freilandei
2 EL Milch

- - - - - - - - - - - - - - - - - - -

So viel Zeit muss sein: 40 Minuten
(Ruhe- und Backzeit nicht eingerechnet)

Haltbarkeit: In Klarsichtfolie im
Kühlschrank 3 Tage

SCHWIERIGKEITSGRAD

1. Das Mehl in die Rührschüssel der Küchenmaschine füllen, in die Mitte eine
Mulde drücken, die Hefe hineinbröckeln, mit 1 EL Zucker und der Milch in der
Mulde verrühren. Zugedeckt 10 Minuten zu einem Dampferl aufgehen lassen.

2. Das Salz, den restlichen Zucker, das Vanillemark, die Zitronenschale, die Eier
und die Butter in Stückchen hinzugeben und alles mit dem Knethaken zu einem
geschmeidigen Teig verarbeiten. Zugedeckt an einem warmen Ort 45 Minuten
gehen lassen. Nach 25 Minuten den Teig noch einmal zusammendrücken
(dadurch wird die Porung feiner). Am Ende der Ruhephase soll der Teig das
Doppelte seines Volumens angenommen haben.

3. In der Zwischenzeit ein Muffinblech mit den Muffinbackförmchen auslegen.
Die Butter zerlassen und das Eigelb mit der Milch verquirlen.

4. Die Arbeitsfläche mit Mehl bestauben und den Teig noch einmal mit den
Händen gut durchkneten. Den Backofen auf 200 °C Ober- und Unterhitze
vorheizen.

5. Aus dem Teig je nach Förmchengröße (die Brioches gehen um gut das
Doppelte auf) 16–20 Kugeln formen. Die Hände mit der zerlassenen Butter
einreiben und die Kugeln damit einfetten. Die Kugeln in die Backförmchen
setzen, mit der Eigelbmilch bestreichen und nochmals 10 Minuten gehen
lassen. 15–20 Minuten backen.

> **TIPP**
>
> - *Wer mag, kann in den Teig noch Rosinen einarbeiten.*
> - *Ein wenig »fruchtiger« schmecken die Brioches, wenn sie aprikotiert*
>   *werden. Dafür etwas Aprikosenkonfitüre in einem kleinen Topf erhitzen,*
>   *bis sie dünnflüssig ist, und damit die noch warmen Brioches bestreichen.*

Passionsfrucht-Tartelettes

... EINE BELIEBTE SÜSS-SAUER-KOMBINATION ...

ZUTATEN
für etwa 7 runde Tarteletteböden mit
je 10 cm ∅

Mürbeteigböden
120 g Mehl, 70 g kalte Butter
30 g Puderzucker
1 Eigelb vom Bio-Freilandei
1 Prise Zimt
abgeriebene Schale von
½ Bio-Zitrone

Passionsfruchtcreme
3 Eigelb von Bio-Freilandeiern
300 g Passionsfruchtmark (Saft mit
Kernen) von etwa 12 Früchten
3 EL Zitronensaft
20 g Speisestärke
60 g Zucker, 135 g Butter

Meringue
100 g Eiweiß (für Schwangere
pasteurisiertes Eiweiß verwenden,
siehe Bezugsquellen, Seite 124)
300 g Zucker, 70 g Wasser

Außerdem
Zuckerthermometer oder elektrisches
Thermometer (Baumarkt)
Bunsenbrenner

....

So viel Zeit muss sein: 2 Stunden
(Back- und Abkühlzeit nicht eingerechnet)

Haltbarkeit: 2 Tage (im Kühlschrank aufbewahren)

SCHWIERIGKEITSGRAD

Wichtig: Bei diesem Rezept ist es von Vorteil, wenn Sie die Küchenmaschine einsetzen. Für die Meringue muss kochend heißer Zucker bei laufendem Gerät in aufgeschlagenes Eiweiß eingerührt werden, was mit dem Handrührgerät doch etwas schwierig ist.

1. Für den Mürbeteig alle Zutaten kalt und rasch entweder mit der Küchenmaschine (Flachrührer) oder mit kalten Händen zusammenkneten. (Warum alles kalt verarbeitet werden muss, ist im Rezept Buttercookies auf Seite 64 erklärt.) Eine Rolle formen, in Klarsichtfolie wickeln und für ½ Stunde in den Kühlschrank legen.

2. Inzwischen die Tartletteförmchen mit Trennfett einsprühen oder buttern und mit Mehl bestauben; in den Kühlschrank stellen (dann lösen sich die Böden besser). Den Backofen auf 180 °C Ober- und Unterhitze vorheizen.

3. Den Mürbteig ausrollen und die Förmchen damit auslegen. Die Böden mit der Gabel mehrmals einstechen, dann wirft der Teig beim Backen keine Blasen. Etwa 16 Minuten backen. Auskühlen lassen.

4. Für die Creme die Eier trennen, die Eigelbe bereitstellen, das Eiweiß im Kühlschrank aufbewahren, es wird später für die Meringue benötigt.

5. Die Passionsfrüchte halbieren und den Saft mitsamt den Kernen und dem Zitronensaft in einen kleinen Topf füllen. Die Stärke so lange einrühren, bis keine Klümpchen mehr zu sehen sind. Den Zucker und die in Stückchen geschnittene Butter hinzufügen und unter Rühren aufkochen. Vom Herd nehmen, die Eigelbe unterrühren und noch einmal vorsichtig erwärmen, bis die Creme weiter bindet – sie zieht beim Erkalten noch einmal nach. Abkühlen lassen und auf die abgekühlten Böden verteilen.

6. Für die Meringue die Eiweiße in die Rührschüssel der Küchenmaschine geben.

7. Den Zucker mit dem Wasser in einem Kochtopf auf 118 °C kochen (bei Induktionsherden zeigen elektrische Thermometer die Temperatur nicht richtig an, deshalb den Topf vor dem Messen vom Herd nehmen). Bei 115 °C beginnen, das Eiweiß in der Maschine schlagen zu lassen. Sobald der Zucker die richtige Temperatur erreicht hat (118 °C), in einem dünnen Strahl in das Eiweiß einfließen lassen, dabei weiterschlagen. Kalt schlagen, bis eine zähe Masse entstanden ist.

8. Die Meringuenmasse in einen Spritzbeutel mit Sterntülle füllen und Rosetten auf die Tartelettes dressieren. Mit dem Bunsenbrenner schön braun abflämmen.

STOFFMUSTER ALS DEKORATION

Toile de Jouy nennt sich ein jahrhundertealtes Druckverfahren aus dem französischen Ort Jouy-en-Josas, mit welchem zauberhafte Muster auf edle Stoffe gedruckt wurden. Diese Stoffe dienten als Vorlage für diesen sinnlich anmutenden Sweet Table, bei welchem auch die Rezepte die französische Patisserie widerspiegeln sollen. In diesem Sinne wünsche ich Ihnen »Bon appétit«.

Sacristains

... PERFEKT, WENN SPONTAN GÄSTE VORBEISCHAUEN ...

ZUTATEN
für etwa 16 Stangen

1 Bio-Freilandei
ausgeschabtes Mark von
1 Vanilleschote
80 g Mandelmehl (siehe Bezugsquellen, Seite 124)
90 g Puderzucker
50 g Butter
1 Packung rechteckig ausgerollter
Blätterteig aus dem Kühlregal (275 g)
80 g gehobelte Mandeln

So viel Zeit muss sein: 30 Minuten
(mit etwas Übung 15 Minuten)

Haltbarkeit: In einer Tupperdose
etwa 3 Tage (ganz frisch schmecken
sie am besten)

SCHWIERIGKEITSGRAD

1. Den Backofen auf 180 °C Ober- und Unterhitze vorheizen. Ein Backblech mit Backpapier auslegen.

2. Das Ei mit dem Vanillemark verquirlen. Das Mandelmehl und den Puderzucker mit den Händen vermengen. Die Butter in einem kleinen Topf oder in der Mikrowelle zerlassen; sie soll nicht kochen, sondern nur flüssig sein.

3. Den Blätterteig auf der Arbeitsfläche ausbreiten und mit dem Großteil des Ei-Vanille-Gemischs bestreichen (etwas davon aufbewahren zum Bestreichen der Stangen). Darauf gleichmäßig ⅓ der Mandel-Puderzucker-Mischung und die Hälfte der Mandelblättchen streuen. Leicht andrücken und 5 Minuten anziehen lassen. Die Mandel-Puderzucker-Mischung verbindet sich nun mit dem Ei und das Mandelmehl »bröselt« nicht beim Fertigstellen der Stangen.

4. Von den Längsseiten aus den Teig jeweils zur Mitte hin übereinanderschlagen, sodass die »Füllung« eingeschlossen ist. Gut andrücken. Die Oberfläche mit ungefähr ⅓ der flüssigen Butter bestreichen.

5. Den Teig mit einem großen, scharfen Messer oder einem Pizzaroller horizontal in der Mitte halbieren – das gelingt leichter, wenn die Klinge vorher etwas gebuttert wird – und anschließend jede Hälfte vertikal in etwa 2 cm breite Streifen schneiden.

6. Die Handflächen mit flüssiger Butter fetten. Die Teigstreifen an beiden Enden fassen und gegeneinander zu Spiralen drehen. Auf das Backblech legen, mit dem restlichen Ei bestreichen und zunächst mit der restlichen Mandel-Puderzucker-Mischung, dann mit den Mandelblättchen bestreuen.

7. Etwa 20 Minuten backen. Nach der Hälfte der Backzeit die Stangen mit der restlichen zerlassenen Butter bestreichen.

TIPP

- *Wer es ein wenig fruchtiger mag, kann etwas Aprikosenkonfitüre in einem kleinen Topf erhitzen, bis sie dünnflüssig ist, und die noch warmen Sacristains damit bestreichen (= aprikotieren).*
- *Wer Zimt mag, kann eine Mischung aus Zimt und Zucker über die heißen Blätterteigstangen streuen.*

VARIANTE FÜR DIE FÜLLUNG

Kokosfüllung: *Anstelle von Karamellsirup können Sie auch Kokossirup verwenden. In diesem Fall können Sie das Vanille- durch Kokospuddingpulver ersetzen.*

Macarons
mit Karamellfüllung

... KARAMELLFÜLLUNG EINMAL ANDERS ...

ZUTATEN

Macarons
für etwa 45 Macaronschalen
= etwa 22 Macarons

70 g Mandelmehl (siehe Bezugsquellen, Seite 124)
50 + 50 g Puderzucker
50 g frisches oder pasteurisiertes
Eiweiß (siehe Bezugsquellen,
Seite 124) – wegen der Salmonellengefahr sollten Schwangere pasteurisiertes Eiweiß verwenden
1 Prise Salz

Karamellfüllung
für etwa 66 Macarons (ist in kleineren
Mengen etwas schwierig herzustellen)

1 Blatt Gelatine
50 g Karamellsirup (siehe Bezugsquellen, Seite 124)
130 ml Milch
15 g Vanillepuddingpulver
80 g Zucker
200 g weiche Butter, gewürfelt

So viel Zeit muss sein: 1½ Stunden
(Warte- und Backzeit nicht eingerechnet)

Haltbarkeit: In einer Tupperdose
im Kühlschrank 3 Tage

SCHWIERIGKEITSGRAD
Macarons

(um ehrlich zu sein, 6 von 5)

1. Die Macarons zubereiten, wie im Rezept auf Seite 56 beschrieben.

2. Für die Füllung die Gelatine in kaltem Wasser einweichen. Den Sirup in einem kleinen Topf oder in der Mikrowelle erwärmen. Die Gelatine gut aus-drücken und unter Rühren in dem Sirup vollständig lösen. Für 2 Stunden im Kühlschrank kalt stellen, bis eine geleeartige Masse entstanden ist. Wenn es schnell gehen muss, für ½ Stunde in den Tiefkühler stellen.

3. Die kalte Milch mit dem Puddingpulver vollkommen glatt rühren und unter Rühren kochen, bis ein zäher Pudding entsteht. In der Küchenmaschinen oder von Hand rühren, bis der Pudding etwas abgekühlt ist. Den Zucker hinzufügen und kalt rühren. Zuletzt die Butter würfelweise hinzufügen und schön cremig aufschlagen.

4. Den gelierten Sirup mit einem Schneebesen glatt rühren, bis keine Klümpchen mehr zu sehen sind, und unter die Creme mischen. In einen Spitzbeutel füllen und die Macaronschalen damit zusammensetzen.

TIPP

Wenn etwas von der Creme übrig bleibt, können Sie diese problemlos bis zu 3 Monate einfrieren. Die Creme muss allerdings nach dem Auftauen gründlich aufgeschlagen werden. Sie flockt dabei zunächst aus; aber keine Sorge, das ist normal. Einfach weiterschlagen, die Creme bindet ab und wird wieder schön fluffig!

Macaron Tower

REZEPTE

Macarons (siehe Seite 56):
50 Halbschalen oder
100 Halbschalen, wenn Sie
gefüllte Macarons auf die
Pyramide kleben wollen
(Füllung für die Macarons,
siehe Seite 102 + 57)
Eiweißspritzglasur (Royal Icing),
siehe Seite 21
Buttercreme, siehe Seite 33

Zubehör
1 Styroporkegel mit 12 cm Ø und
28,5 cm Höhe
nach Belieben 1 kleiner weißer
Kerzenständer

Auf einem Sweet Table, aber auch »solo« ist der Macaron Tower ein besonderer Blickfang. Darüber hinaus werden Sie mit ihm als »Mitbringsel« zu einer entsprechenden Einladung oder Party für Gesprächsstoff sorgen.

Sobald Sie Macarons sicher zubereiten können, sollten Sie den Tower zum Präsentieren Ihrer Backkunst ausprobieren. Er ist wirklich nicht schwer herzustellen und braucht nur wenige Zubehörteile, die Sie in jedem Bastelladen bekommen.

1. Entscheiden Sie als Erstes, ob Sie Halbschalen oder gefüllte Macarons auf der Pyramide anbringen wollen, und bereiten Sie diese zu. Zum Ankleben der Macarons brauchen Sie die Buttercreme. Bei gefüllten Macarons können Sie darauf verzichten und bereiten einfach mehr von der Füllcreme zu, die dieselbe Funktion erfüllt. Halten Sie die Spritzglasur bereit.

2. Bestreichen Sie den Styroporkegel mit einer dünnen Schicht Eiweißspritzglasur, sie soll nur den Untergrund überdecken. Vollständig trocknen lassen.

3. Kleben Sie die Macarons – Halbschalen oder gefüllte Macarons – mit ein wenig Buttercreme oder Füllung auf den Kegel. Arbeiten Sie dabei von unten nach oben und setzen Sie die Macarons der nächsten Reihen möglichst in die Lücke zwischen zwei Macarons der unteren Reihe. Zum Abschluss kleben Sie einen Macaron an die Spitze.

4. Dekorieren Sie den fertigen Tower mit einer farbigen Satinschleife und stellen Sie ihn noch einmal in die Kühlung, damit die Macarons gut halten. Zum Präsentieren stellen Sie den Macaron Tower auf den Kerzenständer oder auf eine dekorative Unterlage.

BLUSH & GOLD

Hochzeit

Butter-Vanille-Muffins

... VANILLA BABY ...

ZUTATEN
für 16–20 Muffins, je nach
Förmchengröße

200 g Mehl Type 405
1 Prise Salz
1 gehäufter TL Backpulver
4 Bio-Freilandeier (Raumtemperatur)
200 g Butter (Raumtemperatur)
200 g Zucker
ausgeschabtes Mark von
1 Vanilleschote
etwa 2 EL Sahne

. . . .

So viel Zeit muss sein:
30–40 Minuten

Haltbarkeit: In Klarsichtfolie
im Kühlschrank 3 Tage

SCHWIERIGKEITSGRAD

Foto siehe Seite 110

1. Den Backofen auf 180 °C Ober- und Unterhitze vorheizen. Ein Muffinblech mit den Muffinbackförmchen auslegen.

2. Das Mehl mit dem Salz und dem Backpulver in einer Schale mit dem Schneebesen gut vermischen und beiseitestellen. Die Eier aufschlagen, verquirlen und ebenfalls beiseitestellen.

3. Die Butter mit dem Zucker und dem Vanillemark in der Küchenmaschine oder mit dem Handrührgerät auf mittlerer Stufe schaumig rühren. Die Eier nach und nach (nicht auf einmal, sonst flockt die Masse aus!) hinzugeben. Die Mehlmischung unterziehen. Zuletzt ein wenig Sahne einrühren, nur etwa 2 EL, dadurch wird der Teig noch saftiger. Wird zu viel hinzugegeben, wird der Teig »matschig«.

4. Die Muffinmasse in einen Spritzbeutel füllen und in die Muffinförmchen spritzen. In etwa 20 Minuten (abhängig vom Ofen) auf der mittleren Schiene goldgelb backen.

> **TIPP**
>
> *Wenn die Muffins nicht gleich gegessen, sondern im Kühlschrank aufbewahrt werden, sollten sie vor dem Genießen Raumtemperatur annehmen. Dadurch wird die enthaltene Butter wieder weicher und die Muffins fluffiger.*
> *Diese Muffins dienen auch als Basis für Cupcakes, kombiniert mit Toppings, wie in den Rezepten auf den Seiten 109 + 112 beschrieben.*

Passionsfruchttopping

... NUR 3 WORTE: »WE LOVE PASSIONFRUIT!« ...

ZUTATEN
für 6–8 Toppings

150 g frischer Maracujasaft (hierfür etwa 12 Passionsfrüchte auskratzen und durch ein Sieb streichen)
15 g Speisestärke
8 Blatt Gelatine
580 g Mascarpone
120 g Naturjoghurt (3,5 % Fett)
140 g Topfen (20 % Fett), im Sieb abgetropft
Puderzucker nach Geschmack
nach Belieben Lebensmittelfarbe (Gelfarbe) zum Einfärben der Creme
(essbares Blattgold zum Dekorieren, Bezugsquelle siehe Seite 124)

....

So viel Zeit muss sein: 30 Minuten (Zeit zum Gelieren und Aufdressieren nicht eingerechnet)

Haltbarkeit: Im Kühlschrank 3 Tage

SCHWIERIGKEITSGRAD

Foto siehe Seite 111

Wichtig: Mit der Zubereitung der Creme wird am besten bereits am Vorabend begonnen. Lesen Sie den Text sorgfältig durch und richten Sie Ihre zeitliche Planung entsprechend aus.

1. Den Maracujasaft mit der Speisestärke in einem kleinen Topf so lange mit dem Schneebesen rühren, bis sich die Stärke vollständig gelöst hat. Den Saft unter Rühren erhitzen, bis ein zäher Pudding entstanden ist. Mindestens 2 Stunden, am besten über Nacht kalt stellen.

2. Die Gelatine in kaltem Wasser einweichen.

3. Den Mascarpone mit dem Joghurt und dem Topfen in eine Rührschüssel füllen und vorsichtig mit einer Teigkarte vermengen.

4. Die Gelatine gut ausdrücken und in einem kleinen Topf oder der Mikrowelle vorsichtig erwärmen, bis sie gelöst ist. Vom Herd nehmen. 1 EL der Mascarponemischung unter die Gelatine rühren, bis alles recht flüssig ist. Esslöffelweise etwa ⅓ der Mascarponemischung einrühren und diese anschließend mit dem Schneebesen unter die restliche Mascarponemischung in der Schüssel mischen. Keine Sorge wenn die Creme recht flüssig sein sollte, sie bindet beim Erkalten ab. Mindestens 4 Stunden im Kühlschrank, am besten aber über Nacht gelieren lassen.

5. Den Passionsfruchtpudding mit dem Schneebesen glatt rühren und unter die Creme heben. Nach Geschmack mit Puderzucker süßen. Falls gewünscht, mit ein wenig Gelfarbe (hier Skintone) passend zu den Farben des Sweet Tables einfärben.

6. Die Creme in einen Spritzbeutel mit großer Sterntülle füllen und spiralförmig aufdressieren. Nach Belieben mit essbarem Blattgold dekorieren.

Kokostopping

... FÜR EIN BISSCHEN »BACARDI-FEELING« – UND DAS GANZ OHNE ALKOHOL ...

ZUTATEN
für 6–8 Toppings

10 Blatt Gelatine
580 g Mascarpone
120 g Naturjoghurt (3,5 % Fett)
140 g Topfen (20 % Fett), im Sieb
abgetropft
130 g Kokossirup
nach Belieben Puderzucker zum
Süßen

feine Kokosflocken zum Dekorieren

So viel Zeit muss sein:
30 Minuten (Zeit zum Gelieren
und Aufdressieren/Kugeln formen
nicht eingerechnet)

Haltbarkeit: Im Kühlschrank
3 Tage

SCHWIERIGKEITSGRAD

Wichtig: Die Creme am besten am Vorabend zubereiten, dann hat sie ausreichend Zeit zu gelieren.

1. Die Gelatine in kaltem Wasser einweichen.

2. Den Mascarpone mit dem Joghurt und dem Topfen in eine Rührschüssel füllen und vorsichtig mit einer Teigkarte vermengen.

3. Den Kokossirup in einem kleinen Topf erwärmen. Die Gelatine gut ausdrücken und in dem Sirup unter Rühren lösen. Vom Herd nehmen.

4. Etwa 2 EL der Mascarponemischung in die Kokosgelatine rühren, bis alles recht flüssig ist. Esslöffelweise etwa ⅓ der Mascarponemischung einrühren und diese anschließend mit dem Schneebesen unter die restliche Mascarponemischung in der Schüssel mischen. Nach Geschmack mit Puderzucker süßen. Keine Sorge wenn die Creme recht flüssig sein sollte, sie bindet beim Erkalten ab. Mindestens 4 Stunden im Kühlschrank, am besten aber über Nacht gelieren lassen.

5. Die Kokosflocken in einer Schüssel bereitstellen.

6. Das Topping in einen Spritzbeutel mit großer Lochtülle füllen und spiralförmig auf die Muffins dressieren (das muss nicht schön aussehen, die Cupcakes werden noch in Kokosflocken gewendet). Die Cupcakes nun kopfüber in den Kokosflocken wenden und zusätzlich mit Kokosflocken bestreuen. So lange mit der Hand zurechtdrücken, bis eine schöne Kokoskugel entsteht.

TIPP

- *Am besten schmeckt das Kokostopping auf Schokomuffins (Rezept siehe Seite 59).*
- *Das Topping kann auch mit einer großen Sterntülle auf Muffins in der Cupcakeform aufdressiert werden.*
- *Falls das Topping bei sommerlichen Temperaturen zu instabil sein sollte, einfach die Gelatinemenge um 2 Blatt erhöhen.*

Doughnuts

... VERY AMERICAN ...

ZUTATEN
für etwa 23 Dougnuts mit 7 cm ∅

375 g Mehl Type 405
1 Päckchen Trockenhefe
15 + 50 g Zucker
25 ml lauwarmes Wasser
40 g zerlassene Butter
1 Bio-Freilandei (Raumtemperatur)
150 ml lauwarme Milch
ausgeschabtes Mark von
½ Vanilleschote
½ TL Salz

hoch erhitzbares neutrales Pflanzenöl
zum Ausbacken

Außerdem
Ausstechringe (oder Keksaussstecher)
mit 6,5 und 3 cm ∅
elektrisches Thermometer (Baumarkt)

- -

So viel Zeit muss sein: 1½ Stunden
(Ruhe- und Ausbackzeit nicht eingerechnet)

Haltbarkeit: 2 Tage

SCHWIERIGKEITSGRAD

1. Das Mehl in die Rührschüssel der Küchenmaschine geben, in die Mitte eine Mulde drücken, die Hefe mit den 15 g Zucker und dem Wasser in der Mulde verrühren und in 10 Minuten zugedeckt zu einem Dampferl aufgehen lassen.

2. In der Zwischenzeit die Butter zerlassen (nicht kochen) und abkühlen lassen. Das Ei verquirlen und beiseitestellen. Die Milch erwärmen und ebenfalls bei-seitestellen.

3. Den restlichen Zucker, das Vanillemark, das Salz, die abgekühlte zerlassene Butter, die lauwarme Milch und das verquirlte Ei in die Rührschüssel geben und alles mit dem Knethacken zu einem weichen Teig verarbeiten. Zugedeckt an einem warmen Ort 1 Stunde gehen lassen, er soll das Doppelte seines Volumens erreichen. Den Teig während dieser Zeit zweimal kräftig zusammendrücken, das bewirkt eine feinere Porung.

4. Ein großes Brett mit Backpapier belegen.

5. Den Teig gut durchkneten. Auf einer nicht bemehlten Arbeitsfläche (wenn sie bemehlt wird, zieht sich der Teig immer wieder zusammen) etwa 1,5 cm dick aus-rollen und mit dem größeren Ausstechring Kreise ausstechen. Mit dem kleineren Ausstechring die Mitte der Kreise ausstechen, sodass die typischen Doughnut-ringe entstehen. Diese mithilfe einer breiten Palette oder eines Spachtels auf das Brett mit dem Backpapier legen, dabei ausreichend Abstand lassen, da der Teig sein Volumen in etwa verdoppelt. Zugedeckt 1 Stunde gehen lassen.

6. Das Pflanzenöl auf 175 °C erhitzen. Die Doughnutringe portionsweise vom Backpapier vorsichtig ins Fett gleiten lassen und sehr hell ausbacken (wirklich sehr hell!), dabei einmal wenden. Mit einem Schaumlöffel herausheben und auf mehrfach gefaltetem Küchenpapier abtrocknen lassen.

> ### MÖGLICHE ÜBERZÜGE
> *Candy-Melts-Überzug:* Das Rezept für diesen Überzug finden Sie bei dem Rezept Doughnuteclairs auf Seite 36. Die Doughnuts vor dem Überziehen abkühlen lassen. Nach dem Absteifen können Sie diese Doughnuts mit echtem Blattgold (siehe Bezugsquellen, Seite 124) dekorieren.
> *Zimt-Zucker-Gemisch:* Anstelle eines Überzugs können Sie die Dougnuts noch heiß in einem Zimt-Zucker-Gemisch wenden.

SANFTE EXTRAVAGANZ *Extravagant und zugleich sanft wirkt dieser von
zarten Blush- und satten Goldtönen dominierte Table. Für dieses Arrangement benötigen Sie jede Menge essbares Blattgold, das als Highlight von der Torte über die
Doughnuts bis hin zu den mit Blattgold dekorierten Champagnergläsern als Dekoelement eingesetzt wird. Die Dekoration können Sie wunderbar stimmig mit blushfar-
benen Seidentischtüchern und goldglänzenden Dekorationsgegenständen abrunden.*

—

Bellini

... FÜR LAUE SOMMERABENDE ODER SCHON ZUM BRUNCH ...

ZUTATEN
für 7–8 Gläser

Zuckerkleber (siehe Seite 14)
essbares Blattgold (siehe Bezugsquellen, Seite 124)
8 cl (80 ml) Püree vom weißen
Pfirsich (siehe Bezugsquellen,
Seite 124)
1 Flasche Prosecco (750 ml)
nach Belieben etwas Zitronensaft
Lebensmittelfarbe (Gelfarben),
hier Skintone von Sugarflair
(siehe Bezugsquellen, Seite 124)

....

So viel Zeit muss sein: 10 Minuten

SCHWIERIGKEITSGRAD

1. Die äußeren Ränder der Sekt-/Proseccogläser mit ein klein wenig Zuckerkleber einpinseln und mit essbarem Blattgold dekorieren.

2. 1 cl Pfirsichpüree in das Sektglas geben und mit etwa 100 ml Prosecco
auffüllen. Wer mag, kann einen kleinen Schuss Zitronensaft hinzufügen.

3. Einen Schaschlikspieß in die Lebensmittelfarbe tunken und damit am Boden
des Glases durch langsame, kreisende Bewegungen den Bellini im gewünschten
Farbton einfärben.

4. Bis zum Servieren 5–10 Minuten warten, die Farbe soll sich ein wenig am
Boden »gesetzt« haben.

TIPPS

- *Das Fassungsvermögen von Sektgläsern variiert zwischen 100 und
  200 ml. Die meisten Proseccoflaschen haben ein Abfüllvolumen von
  750 ml. Je nach Größe der Proseccogläser können Sie somit zwischen
  4 und 8 Bellini zubereiten.*
- *Um einen schönen hellen Farbton zu erhalten, sollte das Mischungsverhältnis stets 1:10 (sprich ein Teil Pfirsichpüree auf 10 Teile Prosecco)
  betragen. Wer gern einen etwas intensiveren Pfirsichgeschmack möchte,
  kann das Verhältnis auf 2:10 erhöhen – dadurch wird der Farbton
  jedoch ein wenig dunkler.*

Mini-Biskuittörtchen mit Vanille-Buttercreme

... HÜBSCH GESTAPELT ...

ZUTATEN
für 12 Minitörtchen mit 6 oder 8 cm ⌀

Biskuit
150 g Eigelb von Bio-Freilandeiern
50 + 100 g Zucker
ausgeschabtes Mark von
½ Vanilleschote
abgeriebene Schale von 1 Bio-Zitrone
150 g Eiweiß von Bio-Freilandeiern
1 Prise Salz
100 g Mehl Type 405

Himbeerspiegel
1¼ Blatt Gelatine, 100 g Himbeeren
(frische oder TK-Himbeeren)

Vanille-Buttercreme
200 g Butter (Raumtemperatur)
130 ml kalte Milch
15 g Vanillepuddingpulver
80 g Zucker, nach Belieben Gelfarbe
in den Farben Apricot oder Skintone
(siehe Bezugsquellen, Seite 124)

Außerdem
Ausstechringe (oder Keksausstecher)
mit 6 oder 8 cm ⌀
(essbares Blattgold zum Dekorieren,
Bezugsquelle siehe Seite 124)

So viel Zeit muss sein: 2 Stunden
(Back- und Kühlzeit nicht eingerechnet)

Haltbarkeit: In Klarsichtfolie
im Kühlschrank 3 Tage

SCHWIERIGKEITSGRAD

1. Für den Biskuit (siehe dazu die allgemeinen Ausführungen beim Rezept Kokos-Schichtdessert auf Seite 70) den Backofen auf 220 °C Ober- und Unterhitze vorheizen. Ein Backblech mit Backpapier auslegen.

2. Die Eigelbe mit 50 g Zucker, dem Vanillemark und der Zitronenschale schaumig schlagen. Die Eiweiße mit dem Salz anschlagen, die 100 g Zucker einrieseln lassen und so lange weiterschlagen, bis eine ganz stabile Schneemasse entsteht. Diese Masse mit dem Schneebesen unter den Eigelbschaum heben. Das Mehl darübersieben und vorsichtig mit dem Schneebesen untermischen.

3. Die Biskuitmasse gleichmäßig auf das Backpapier streichen. Etwa 8 Minuten auf der mittleren Schiene backen. Sofort auf ein mit Zucker bestreutes Backpapier stürzen. Mit einem feuchten, kalten Tuch über die Rückseite des mitgebackenen Backpapiers streichen, dadurch löst es sich besser. Das Backpapier abziehen und den Biskuit vollständig auskühlen lassen. Für jedes Törtchen 2 Miniböden mit 6 oder 8 cm ⌀ ausstechen, insgesamt also 24.

4. Für den Himbeerspiegel die Gelatine in kaltem Wasser einweichen. Die Himbeeren erhitzen und pürieren. Die Gelatine gut ausdrücken, zu dem Himbeerpüree geben, unter Rühren kurz aufkochen und für 2 Stunden in den Kühlschrank stellen – wenn es schnell gehen muss, für 30 Minuten in den Tiefkühler geben (Timer stellen!). Den Spiegel kurz mit dem Schneebesen glatt rühren und gleichmäßig auf den Biskuitböden verteilen.

5. Für die Creme die Butter in Würfel schneiden und beiseitestellen.

6. Die kalte Milch mit dem Vanillepuddingpulver in einem Topf vollkommen glatt rühren und dann erhitzen, bis ein zähflüssiger Pudding entsteht. In die Rührschüssel der Küchenmaschine umfüllen und kalt schlagen. Sobald der Pudding etwas abgekühlt ist, den Zucker einrieseln lassen und so lange weiterschlagen, bis der Pudding ganz abgekühlt ist. Die Butterwürfel nach und nach untermischen und ganz fluffig aufschlagen. Falls gewünscht, die Creme mit Gelfarben einfärben.

7. Die Creme in einen Spritzbeutel mit mittelgroßer Sterntülle füllen und auf die mit Himbeerspiegel bestrichenen Böden dressieren. Je 2 Böden zusammensetzen. Wer mag, kann die Törtchen mit echtem Blattgold dekorieren.

VARIANTE FÜR DIE CREME

Die Törtchen mit Himbeer-Buttercreme füllen. Dafür die doppelte Menge des Himbeerspiegels zubereiten und die Hälfte davon unter die Vanille-Buttercreme rühren. Die Himbeeren aber nach und nach zugeben, die Creme flockt sonst aus.

LINKS UND OBEN: *Agnes, Christina und Barbara beim Vorbereiten des Black & White Sweet Tables • Wunderbare Unterstützung durch Verena beim Taufe- und Summer-Party-Shooting.*

VON LINKS NACH RECHTS OBEN: *Maßarbeit! • Fotografin Pia in ihrem Element • Ein Schlückchen zwischendurch …*

VON OBEN LINKS IM UHRZEIGERSINN: *Finishing… • Mit Verena im Materialchaos beim Vorbereiten des Summer Party Sweet Tables • Genießerpause beim Shooting des Black & White Sweet Tables: Pia, Agnes, ich, Barbara und Christina (v. l. n. r.) • Startklar machen meiner rechten Hand Katharina.*

Bezugsquellen

Dekorationen

Material
Partyerie www.partyerie.de
Oh so pretty www.ohsopretty.de
Wedding Avenue www.weddingavenue.at
Balloneria www.balloneria.com

**Personalisierte Ballons,
Ballonschriftzüge & Leuchtschriftzüge**
Balloneria www.balloneria.com

Personalisierte Cake Topper & Anhänger
Die Macherei www.diemacherei.com

Personalisierte Zuckerstangen
Die Zuckerlwerkstatt www.zuckerlwerkstatt.at

Lichterketten
Lights4fun www.lights4fun.de

Papeterie (Drucksorten)
Project-Pinpoint www.project-pinpoint.com
Herz & Co www.herzundco.com

Zubehör für Zuckerpapier
Zuckerpapier 24 de www.zuckerpapier24.de

Onlineshops für Tortendekorationszubehör
Torten Boutique www.torten-boutique.de
Torten Kram www.torten-kram.de
Alles Torte www.allestorte.at

Zutaten

Bubble Gum Aroma
www.allestorte.at; Amazon

Cake Pop Sticks
www.torten-boutique.de; www.torten-kram.de;
www.allestorte.at

Candy Melts
www.torten-boutique.de; www.torten-kram.de;
www.allestorte.at

CMC
www.torten-boutique.de; www.torten-kram.de;
www.allestorte.at

Essbares Goldspray
www.allestorte.at; www.torten-boutique.de

Essbares Blattgold
Credo Blattgold (Gourmet) www.credo-blattgold.de

Extrafeiner Puderzucker
(= Icing Sugar), zum Beispiel der Marke Wiener Zucker
(Puderzucker extrafein) oder der Marke Silver Spoon
(über Amazon bestellen)

Gelfarben
www.torten-boutique.de; www.torten-kram.de;
www.allestorte.at; Amazon

Glucosesirup
www.allestorte.at; www.torten-boutique.de

Himbeerpulver
Pati Versand www.pati-versand.de; Amazon

Mandelmehl
Marke Fun Cakes; www.allestorte.at; www.torten-boutique.de

Meringue Backpapier
www.zuckerpapier24.de

Meringue Powder
www.allestorte.at; www.torten-boutique.de

Pasteurisiertes Eiweiß
(= auch Konditor Eiweiß genannt); Großhandel

Püree vom weißen Pfirsich
Großhandel oder Amazon

Sirup (Karamell, Kokos usw.)
der Marke »Monin«, im Supermarkt

Styroporkegel
in Bastelläden

Tüllen
Marke PME; www.torten-boutique.de;
www.torten-kram.de; www.allestorte.at; Amazon

Stichwortverzeichnis

Kursiv gesetzte Stichwörter verweisen auf praktische Anleitungen aus dem Grundlagen-Kapitel.

Danksagung

Gedankt sei an dieser Stelle meiner Fotografin Pia Clodi, mit der ich nicht nur bei der Erstellung meiner Firmen-Homepage, sondern nun auch im Rahmen dieses Buchprojektes zusammenarbeiten durfte und die es wie keine andere schafft, meine Sweets ins rechte Bild zu setzen. Vielen Dank, »Zuckerschnecke«, für diese Zusammenarbeit!

Ein besonderer Dank gilt meiner Mitarbeiterin Katharina, die – egal zu welcher Tages- und Nachtzeit – unermüdlich und voller Tatendrang jede noch so verrückte Sweet-Table-Idee mit mir umsetzt!

Ein großer Dank gilt zudem den vielen kreativen Köpfen und fleißigen Händen, die hinter den Kulissen tatkräftig an der Umsetzung unserer Sweet Tables beteiligt waren: dem Team von »Balloneria« (www.balloneria.com) mit seinen detailverliebten personalisierten Ballons; Verena Kindermann (www.verenakindermann.com) für ihren

Einsatz und ihre Kreativität; Jeanette Rene Conrad (www.prime-moments.com) für ihr Organisationstalent und Vera Doppler (http://diemacherei.com) mit ihren personalisierten Lasercut Cake Toppern und Anhängern! Dank auch an Maria und Christian von der Zuckerlwerkstatt (www.zuckerlwerkstatt.at) für ihre wundervollen handgedrehten Zuckerstangen.

An dieser Stelle sei natürlich auch all jenen Menschen gedankt, die mich auf meinem doch eher ungewöhnlichen Weg begleitet und bestärkt haben, der mich zunächst zur Anwaltsprüfung, ein Jahr später dann aber doch zur Konditormeisterprüfung führte: natürlich meiner Mutter, meiner Stiefmutter, meinem Vater, meinen Geschwistern Alexandra, Christina, Julia, Magdalena und Johannes, aber auch meinen engsten Freunden Daniela, Bettina, Anton, Michael, Eva, Christoph, Bianca, Doris und Martina, vor allem aber Alexander Truskaller, der wie kein anderer stets an meiner Seite stand!

Über die Autorin

Mag. Andrea Isabelle Streitwieser

aufgewachsen in München und Salzburg schlug die Autorin zunächst eine klassisch wirtschaftliche Ausbildung ein. Nach dem Studium der Rechtswissenschaften an der juridischen Fakultät Salzburg war sie fünf Jahre lang in einer Anwaltskanzlei tätig und legte ihre Anwaltsprüfung mit sehr gutem Erfolg ab. 2014 absolvierte sie die Konditormeisterprüfung und gründete ihr Unternehmen Cake Couture, welches auf die Entwicklung individueller, aufwendiger Sweet-Table-Konzepte spezialisiert ist. Ihre Kreationen werden laufend sowohl in nationalen als auch internationalen (Fach-)Zeitschriften & Blogs veröffentlicht, für Ihre Sweet-Table-Konzepte wurden ihr der Austrian Wedding Award sowie der Salzburger Handwerkspreis verliehen. Sie wurde mehrfach sowohl von nationalen als auch internationalen Filmteams bei ihrer Tätigkeit begleitet und ist bekannt durch regelmäßige Auftritte im TV. Die Autorin lebt und arbeitet im Herzen der Salzburger Altstadt.

Impressum

Bibliografische Information der Deutschen Nationalbibliothek

Die Deutsche Nationalbibliothek verzeichnet diese Publikation in der Deutschen Nationalbibliografie; detaillierte bibliografische Daten sind im Internet über http://dnb.d-nb.de abrufbar.

BLV Buchverlag
GmbH & Co. KG

80636 München

© 2017 BLV Buchverlag GmbH & Co. KG, München

Bildnachweis
Alle Fotos von peaches & mint by pia clodi

Umschlagkonzeption und -gestaltung: BLV-Verlag
Umschlagfotos: Pia Clodi

Lektorat: Stella Rahn, Inken Kloppenburg Verlags-Service, München
Herstellung: Angelika Tröger
Layoutkonzept Innenteil: Julia Romeiß, München
Layout/DTP: Uhl + Massopust GmbH, Aalen

Gedruckt auf chlorfrei gebleichtem Papier

Printed in Germany
ISBN 978-3-8354-1611-6

 www.facebook.com/blvVerlag

Hinweis
Das vorliegende Buch wurde sorgfältig erarbeitet. Dennoch erfolgen alle Angaben ohne Gewähr. Weder Autorin noch Verlag können für eventuelle Nachteile oder Schäden, die aus den im Buch vorgestellten Informationen resultieren, eine Haftung übernehmen.